AF617572

TEMAS PASTORALES

IV

MADRE DEL SALVADOR

Primera edición: noviembre 2025

Portada. Oléo dede Mari Carmen Corcelles
Contraportad: Óleo de He Qi

EDITA:
Editamás, editorial y contenidos digitales

DEPÓSITO LEGAL: BA-000533-2025

ISBN: 979-13-990544-6-0

MAQUETACIÓN, IMPRESIÓN Y PEDIDOS:
www.editamas.com
924 180791

TEMAS PASTORALES
IV
MADRE DEL SALVADOR
BENITO ACOSTA

PRÓLOGO

Amigo Jose: Me encargaste un libro sobre la Virgen María. Que conste que *un deseo tuyo es una orden para mí*, pero que conste también que bien merecía la Madre de Jesús que le dedicase este *largo y tórrido verano*. En contrapartida te confieso que tuve que vencer una resistencia no pequeña, porque yo no tenía en este momento muchas ganas de las posibles tensiones que se suelen crear cuando se abordan temas sobre los que, a través de los siglos, se ha acumulado tanto fanatismo vestido de las ñoñerías más impresentables. Al final he dedicado estos dos últimos meses al estudio y la reflexión sobre María, sin querer rodearme de más libros y artículos que los que me pudiesen aportar datos fundamentales para mi reflexión. Te puedo decir que, después de poner por escrito mis conclusiones, me he alegrado mucho de la empresa, de modo que te agradezco la oportunidad que me has ofrecido de haberlo pasado tan bien. Ha sido para mí un refrigerio en medio del bochorno y un descanso de la mente en unas circunstancias en las que vivo muy de cerca el terrible drama de unas personas muy queridas por mí.

En esta ocasión, rompiendo un poco mi costumbre, voy a reseñar en las notas la autoría de ciertas citas, aunque, como no tienen por fin mostrar erudición sino apoyar lo que afirmo con la autoridad de estos teólogos, no me entretendré en precisar en las notas cuestiones como las de la edición, la página, etc., es decir, evadiré el rigor académico acostumbrado, no porque tenga nada contra la erudición, sino por no confundir a nadie acerca del sentido real de mi escrito. De todas maneras, te concreto aquí la lista de la bibliografía utilizada:

Para el Nuevo Testamento: *Novum Testamentum Graece et Latine*, de MERK. *Analysis Philologica Novi Testamenti Graeci*, de ZERWICK. *Synopsis Quattuor Evangeliorum*, de ALAND. *Concordancias de la Biblia (Nuevo Testamento)*, del equipo dirigido por SOR JUANA DEL ARCO. Las versiones del Nuevo Testamento de GONZÁLEZ RUIZ, de SCHÖCKEL en su Biblia del Peregrino, de MATEOS-SCHÖKEL.

Comentario de Ratisbona al N.T., dirigido por WIKENHAUSER Y KUSS – *Comentario Bíblico S. Jerónimo*, dirigido por BROWN, FITZMYER Y MURPHY (N.T.) –*El mundo del Nuevo Testamento*, de LEIPOLDT-GRUNDMANN. De H. WALTER WOLF: *Antropología del Antiguo Testamento*. R. DE WAUX: Instituciones del Antiguo Testamento. - FITZMYER: *El Evangelio según Lucas*. – ALETTI: El arte de contar a Jesucristo. COLERIDGE: *Nueva Lectura de la Infancia de Jesús*. GONZÁLEZ RUIZ: *El Apocalipsis de Juan*. - CHARLIER: *Comprender el Apocalipsis*. – SCHÜSLER: *Apocalipsis*. – PRÉVOST: *Para leer el Apocalipsis*.

He utilizado para los Padres Apostólicos y Padres Apologetas las ediciones bilingües de RUIZ BUENO. Patrología, de QUASTEN

.Libros específicamente marianos: *el tomo VIII sobre La Virgen María*. Dogmática, de M. SCHMAUS, *La Madre de Dios*, de ROSCHINI. *Madre y Esposa del Verbo*, de SCHEEBEN Y FECKES. *María y la Iglesia*, de H. RAHNER. *María en el Evangelio*, de P. GAECHTER. *Nuestra Señora de los herejes*, de A. MAGGI. *Puesto de María y su cooperación en el Acontecimiento Cristo*, de A. MÜLLER (en Mysterium Salutis).

Artículos:- *María en la fe y en la vida cristiana; La Inmaculada Concepción* y también *Sobre el sentido del dogma de la Asunción*, de KARL RAHNER (en Escritos de Teología, I). *Las bodas de Caná y la estructura del IV Evangelio*, y *La Maternidad espiritual de María en Jn. 19, 25-27*, de FEUILLET. *Fecit mihi magna*, de SEMMELROTH. *Una espada te traspasará el alma*, de BENOIT. *La mariología católica de cara al diálogo ecuménico*, de MÜLLER. *La doctrina del Vaticano II sobre la Jerarquía de verdades y su significación en el diálogo ecuménico*, de MÜHLEN. *María y la antropología cristiana de la mujer*, de R. LAURENTIN. *Fe existencial y doctrinal*, de MALAVEZ. *Nuevo Testamento y Cristología*, de FITZMYER. *María, Madre del sábado escatológico: La genealogía de Mt. 1, 1-17*, de FORESTI. -

Sobre el pecado original he manejado estos trabajos: Artículos:- *El pecado original en Rom. 5, 12*, de S,. LYONNET. *Géneros literarios en la narración del pecado original (Ge. 2, 3)*, de L. A. SCHÖKEL. *El pecado original y el evolucionismo*, de Z. ALSZEGHY y M. FLICK. *El pecado original en una perspectiva personalista*, de Z. ALSZEGHY y M. FLICK. *Notas sobre el pecado original*, de A. M. DUBARLE. *Pecado original y culpabilidad cristiana*, de A. GESCHE. *El problema del pecado original en el*

Nuevo Testamento, de S. LYONNET. *Los árboles sagrados y la serpiente en Gen. 2, 3*, de K. JAROS. *El decreto del Concilio de Trento sobre el pecado original*, de A. VANNESTE. *¿Es preciso creer en el pecado original?*, de P. GRELOT. *Pecado original y proceso evolutivo del hombre en Irineo*, de J. VIVES. Y, sobre todo este admirable artículo: *Mysterium iniquitatis*, de SCHOONEMBERG. Libros:- *El pecado original*, de HENRI RONDET, y, sobre todo, el magnífico estudio *El pecado original*, de HERBERT HAAG. -

Los temas históricos han sido contrastados con: *Historia de la Iglesia*, dirigida por JEDIN. *La Humanidad Nueva*, de GONZÁLEZ FAUS. *Historia de los Concilios Ecuménicos*, de G. ALBERIGO.

No sé cómo agradecer a mis amigos Charo Rubio y Carmelo Martínez la paciente y cariñosa revisión del texto. Es una tarea que admiro y valoro mucho, porque escribo en el teclado con multitud de erratas.

Lo que te ofrezco no es en modo alguno un tratado de Mariología, que para eso ya hay teólogos que lo hacen. Es un diálogo con los textos del N.T., un diálogo o discusión con los diversos teólogos citados y unas reflexiones mías (lo más provisional y personal del libro, supongo). Y ya está bien de preámbulos.

Y ahora, 15 años después, revisado el escrito, tengo que agradecer a mi amiga Marisa Arcas la revisión de erratas.

Para Antonio y Jose (+),
compañeros de camino por tierra extraña.

Benito Acosta. Málaga 15 de Agosto del 2003

Porque miró la humillación de su esclava,
me llamarán desde ahora dichosa todos los pueblos

(María, en el Evangelio de Lucas)

INTRODUCCIÓN

MARÍA EN EL IV EVANGELIO

MUJER, ¿QUÉ TENEMOS QUE VER TÚ Y YO?

...Hubo una boda en Caná de Galilea, y allí estaba la madre de Jesús. También Jesús fue invitado a la boda con sus discípulos. Y, como hacía falta vino, la madre de Jesús le dijo: -No tienen vino.

Le responde Jesús: -¿Qué tenemos que ver tú y yo, Mujer?

Todavía no ha llegado mi hora.

Dijo su madre a los que estaban sirviendo: -Haced lo que os diga.

Había allí seis tinajas de piedra para las purificaciones de los judíos, que tenían cerca de cien litros de capacidad cada una. -Llenad esas tinajas de agua -les dijo Jesús.

Las llenaron hasta los bordes, y les dijo: -Ahora, sacad un poco y llevádselo al organizador del festín.

Se lo llevaron, y el organizador del festín, al probar el agua que se había hecho vino (él no sabía de dónde era, aunque los sirvientes lo supieran, porque ellos habían traído el agua), llamó al novio y le dijo: -Toda la gente pone primero el vino mejor y, cuando ya están alegres, el peor, mientras que tú has guardado el vino bueno para este momento.

Realizó Jesús este signo inicial en Caná de Galilea y manifestó su Gloria y sus discípulos creyeron en él. Después bajó con su madre, sus hermanos y discípulos a Cafarnaún, aunque allí no se quedó muchos días. Como estaba cerca la Pascua de los judíos, Jesús subió a Jerusalén. 1

Hemos comenzado por este pasaje de Juan porque nos sitúa ante unas reflexiones concienzudamente maduradas que han permitido al autor recomponer un hecho de vida para hacerlo alegoría o mejor, utilizando el lenguaje del IV Evangelio, para hacerlo *signo*, el primero de los signos que *manifestaron su gloria y encendieron la fe de los discípulos*. La madre de Jesús tiene aquí un papel decisivo. Ahora bien, ya que de ella intentamos hablar en este libro, es importante para nosotros saber hasta qué punto interesa al evangelista la persona y hasta qué punto es el personaje el que realmente importa en lo narrado. Incluso es necesario aclarar cuál es el papel de este personaje, según se deduce de todo el contexto.

En una concepción alegórica no es relevante investigar sobre los hechos reales que le sirvieron de base, porque, en rigor, no necesariamente tendrían que darse. Eso no es obstáculo para que nos inclinemos a pensar que habría un fundamento real, una historia; una historia que sólo podemos rehacer con mucha discreción, partiendo de un mínimo de datos. Lo contrario sería novelar la realidad, cosa que en modo alguno es nuestro propósito en ningún momento.

No sería inverosímil que la historia base fuera la siguiente o alguna otra muy similar: Se celebra en Caná de Galilea una boda; esa familia parece estar relacionada con Jesús por línea materna. En el festín parece estar el grueso de su familia y Jesús se presenta con su grupo de discípulos y, aconsejado por su madre, regalan a los novios vino para la fiesta. El banquete y las nupcias, imágenes tan queridas por los profetas del movimiento deuteronómico, dan pie a Jesús, en medio del festejo, o, pasados los años, al evangelista, para una sabrosa reflexión sobre el Reino de Dios. Los demás elementos de la narración están en función del significado de esta historia convertida en señal. Por eso, recorreremos los detalles lingüísticos que pueden aportarnos algún conocimiento.

Hay un modo diverso de nominar la presencia de María (no presentada por su nombre) y la de Jesús con sus discípulos. De la primera se dice: *la madre de Jesús estaba allí*. De los otros se dice: *Jesús fue invitado con sus discípulos*. Difícilmente podemos soslayar que la asistencia de la madre a esa boda es algo más directo que la de su hijo, que más bien parece estar allí en orden a su relación con la madre, así como la presencia de los discípulos parece adquirir sentido por su relación con Jesús. La madre es persona de confianza de los que celebran la boda, pues está al tanto de lo que falta (*No tienen vino*) y quiere darle una solución (*Haced lo que él os diga*).

La situación antes de la actividad de Jesús tiene pocas trazas de ser la de un convite feliz, pues a mitad del festejo se quedan sin vino. Eso sí, agua la hay en abundancia y el autor lo refleja no sin ironía: unos seiscientos litros. Y anota que esa gran cantidad es la que cabe en seis tinajas de piedra para las purificaciones de los judíos. Pero el agua en la boda poca alegría promete transmitir. Estos simples datos son suficientes para comenzar a hacer nuestra reflexión.

Una boda refleja la relación de Israel con su Dios en el Judaísmo. Pese a la riqueza espiritual que poseía el pueblo Judío, su religión había caído en fórmulas, ritos vacíos y moral de quisquillosa casuística. Es una religión que no da la talla, algo que está simbolizado en esas seis tinajas de piedra (6 es la cifra que no llega a ser 7, el número perfecto en la simbología de esa cultura). Por eso, es una religión en la que falta la buena noticia, la alegría, simbolizada por el vino. Jesús es hijo de ese pueblo judío, donde había, por supuesto, hombres de esperanza, los que fueron llamados "el resto de Israel" o también "los pobres de Yahvé". Él fue multitud de veces invitado a reformarlo: se le llama Mesías; lo quieren hacer Rey; le piden que administre justicia, y en el presente caso, está invitado a la boda... María representa a Israel, que, por tanto, está en esa boda por derecho propio. Pero, como es el Israel fiel, dice a su hijo: *A este pueblo le falta tu buena noticia*, es decir: *No tienen vino*.

Y a ese Israel se dirige Jesús cuando dice: *Mujer, ¿qué tengo yo que ver contigo? Ésta no es mi hora*, que es como decirle: *Yo no tengo nada que ver con la reforma del Judaísmo que me propones. Lo mío es otra cosa, que llegará en su momento, y entonces se verá cuál es tu papel (entonces tendré que ver conti-*

go). Deja, por tanto, abierta su relación con Israel para cuando llegue su hora. Ya que, como hemos dicho, María es el Israel fiel, se abre sin reservas a todas las exigencias que lleve consigo la buena noticia: *Haced lo que él os diga*. Y, en efecto, se produce la alegría del reino (el vino nuevo, servido al final), y sucede en la medida en que se han deshecho del agua de las purificaciones, es decir de su religión de ritos. El organizador del festín se queda boquiabierto con la sorpresa que se reservó para última hora. Representa a los dirigentes de Israel, que no eran precisamente los que habían sido consultados sobre el cómo y el cuándo del evangelio.

Al final de la escena se dice que Jesús *bajó a Cafarnaúm con su madre, sus hermanos y sus discípulos, aunque no por muchos días*. Como vemos, sus acompañantes están mencionados en tres categorías. El autor ha huido de incluir a María con sus hermanos, para lo que hubiese dicho *parientes* de un modo genérico, como también de incluirla con los discípulos. Cada uno de ellos tiene su papel en esta historia. *Los discípulos creyeron en él*: ellos han comprendido la alegoría. De los hermanos se dirá mucho más adelante que *no creían en él*, es decir, no interpretaban sus signos. Sin embargo, la figura de María queda en suspenso hasta la hora de Jesús. El le dijo: *¿Qué tenemos que ver tú y yo? Aún no ha llegado mi hora*. Es decir: *cuando llegue mi hora*... Y otras consideraciones de esta alegoría viviente no afectan a nuestro punto de mira que es María. Por tanto, para ser comprendida esta escena, ha de ser cotejada con el pasaje de la hora de Jesús, en el que, efectivamente, vuelve a salir la madre. Pero, antes de proseguir, debemos ponernos en guardia ante interpretaciones sacadas del contexto y de la intencionalidad del autor.

¿En qué sentido se habla aquí de María, la esposa de José, que dio a luz a Jesús? Es obvio que su persona es una pieza clave en el hilo narrativo; pero su persona entra en la alegoría como una personificación de Israel, del

Israel fiel, como hemos intentado mostrar; del Israel que descubre con dificultades cuál es su función en la Nueva Humanidad. Por tanto, sólo tenemos derecho a dejarnos llevar por la poesía del relato si leemos en él sus auténticos símbolos y figuras, no si nos encallamos en la literalidad de la narración. Así, romperíamos la poesía, impondríamos una lectura llena de irracionalidad y esto, al no respetar sus claves, nos pondría en el camino de una depreciación del texto. Interpretándolo literalmente se ha dicho que María es sometida a la prueba de una contestación dura, pero que, como conoce el corazón de su hijo, sabe que accederá ante su insistencia; que, aun no siendo la hora de Jesús, la anticipa con su fe y su ruego... Y éstos y parecidos comentarios van aliñados con sentimientos de dependencia familiar rayana en un nepotismo muy poco compatible con la libertad que Jesús proclama respecto a la carne y sangre. Desde criterios ajenos a la actuación de Dios, hay una especie de necesidad de exaltar a la madre, previa a toda otra consideración evangélica, que llega a su cumbre al afirmarse que "María es *la omnipotencia suplicante...*" Dijimos al principio que se podría tratar de una simple parábola, o que, en todo caso, la apoyatura anecdótica, por la cual nos inclinamos, debió ser muy elemental. Por eso, nos parece que huelgan todas esas consideraciones montadas sobre la persona de María como madre todopoderosa, coprotagonista de estas anécdotas.

Desde esta escena, la expectativa de la hora de Jesús va a recorrer todo el IV Evangelio. Se trata, por tanto, de una pieza clave para la comprensión del texto entero. Siendo así, no puede referirse a una escena familiar, como tampoco el pasaje que vamos a comentar a renglón seguido.

Junto a la cruz de Jesús estaban su madre y la hermana de su madre, María la de Cleofás y María Magdalena. Al ver Jesús a su madre y al lado al discípulo preferido, dijo a su madre:

-Mujer, ahí tienes a tu hijo.

Después le dijo al discípulo:

-Ahí tienes a tu madre.

Y desde aquella hora, el discípulo la recibió en su casa.[2]

De nuevo nos enfrentamos con una narración alegórica, literaria y teológicamente relacionada con las bodas de Caná. La pregunta, por tanto, no se hace esperar: ¿Podemos pensar en una base real a nivel de los hechos que tuvieron lugar temporal y geográficamente el día de la muerte de Jesús en el Gólgota, o su realidad es sólo (y nada menos que) una realidad teológica verificable en sucesos de la primitiva historia de la Iglesia? Y otra vez tenemos que decir que es absolutamente coherente un gesto de Jesús, ocurrido o no en el Gólgota, pero seguramente ocurrido: que ante la inminencia de aquella muerte anunciada, Jesús confiase el cuidado de su madre a sus amigos, a aquellos con los que había compartido los últimos años de su vida. Este acto de piedad filial, absolutamente normal en la conducta de un buen hijo, tiene sin embargo un detalle de relieve, que encierra toda una opción singular: no se dirige a sus hermanos, junto a los que aparece encuadrada más de una vez, sino a sus discípulos, que son su verdadera familia (*los que hacen la voluntad de mi Padre, esos son mi hermano y mi hermana y mi madre*).[3] María muestra ser una mujer buena y conciliadora, pues no rompe con una familia que no ha dado crédito a su hijo, pero cuando aparece en este pasaje confiada a la familia espiritual de Jesús es porque ella fue acogida en el seno de la comunidad cristiana. Y unos datos tan elementales sacados de la vida real sirven para

recomponer una página que, aunque brevísima, completa la alegoría que se abrió en Caná de Galilea.

Pues bien, el pasaje que comentamos tiene una presentación pretendidamente ambigua y enigmática, al menos así lo creemos. No le mueve a este juego de ingenio ningún interés de lucimiento literario, que lo utiliza para subrayar un misterio. Se ha hecho notar desde antiguo: ¿Cuántos personajes se mencionan al pie de la cruz? Y las respuestas van desde quienes ven dos hasta quienes ven cinco:

1. *Cuatro mujeres y el discípulo amigo*. Dos parejas, la primera innominada (*su madre y la hermana de su madre*) y la segunda denominada (*María la de Cleofás y María Magdalena*). ¿Por qué una pareja innominada y otra con sus nombres y distintivos? ¿Dos familiares y dos discípulas? ¿No es una objeción gramatical digna de tener en cuenta la falta de cópula entre la segunda mujer y la tercera? Por otra parte, el discípulo aparece de pronto, sin que se haya incluido en el grupo que está junto a la cruz, recién mencionado.
2. *Tres mujeres y el discípulo amigo*: *Su madre y la hermana de su madre, que era María la de Cleofás, y María Magdalena...* En este caso, la hermana de la madre se llamaría igual que ella, algo no muy normal. Cleofás sería el cuñado de la madre de Jesús. También aquí el discípulo amigo aparece de pronto, sin haberse incluido en la enumeración del grupo que está bajo la cruz.
3. *Dos mujeres y el discípulo amigo*: Se trataría de dos enunciados paralelos, el segundo especificando los nombres: Su madre sería María (hija de Cleofás) y la hermana de su madre, María Magdalena, no hermana carnal, sino en la fe. De nuevo el discípulo amigo aparece de pronto, inexplicablemente ajeno a la breve lista de los que estaban junto a la cruz.
4. *Sólo dos mujeres*. De nuevo se observan dos enunciados paralelos, el segundo especificando los nombres: Como se ha dicho antes, su madre sería María (no esposa, sino hija de Cleofás, pues su esposo es José) y María Magdalena sería su hermana en la fe. La madre representaría al Israel fiel y María Magdalena a la Iglesia, es decir, *el discípulo amigo*, que *le recibió en su casa*.

Descartamos con Lagrange la segunda opción, en la que *dos hermanas se llamarían igual* (él cita a Calmes, Schanz, Till... como partidarios); también la tercera por razones idénticas, y vemos que *asisten más razones a la primera* (la defendieron ya Zahn, Loisy, Bauer, el mismo Lagrange...) *y a la cuarta* (Juan Mateos), aunque nos inclinamos por ésta última, donde el cuadro dramático *sólo tiene tres personajes: Jesús en la cruz, el Israel fiel y la Iglesia.*

En todo caso, el discípulo amigo, se base o no en una persona concreta, quiere al parecer identificarse con el autor del Cuarto Evangelio; él es el testigo que narra cuanto vio y es un símbolo de la comunidad que se fundamenta en el ágape; él recibe el encargo de tomar como suya a la Madre del Salvador, es decir, al Israel fiel que vive de la esperanza de sus profetas. Incluso no es descabellada esta pregunta: ¿Son diversos los individuos que personifican al *discípulo amado* en los distintos pasajes en que aparece citado? Creemos, en efecto, que, al tratarse de una personificación alegórica, puede no ceñirse a un solo individuo.

De Israel nace la nueva humanidad, que comienza en Jesús, por lo que, personificado en Sión como *Mujer*, que es el nombre que da Jesús a su Madre, es la nueva Eva, que, en dolores de parto, puede exclamar: *¡Con la ayuda de Dios he dado vida a un hombre!* [4] El dolor de esa madre ante su hijo ajusticiado es el parto de la nueva humanidad. Recordemos aquello de Colosenses y del Apocalipsis, donde a Jesús resucitado se le llama con el título de *el primogénito de entre los muertos*.[5]

Jesús, como cabecera de esa nueva humanidad, recoge la más genuina razón de ser de su pueblo, que es morir para que nazca la nueva realidad, ya universalizada. En su muerte entrega al hombre nuevo los valores y esencias de lo que sería simplemente historia si no fuese por la vida que le presta el futuro: *el futuro universal recibe al pasado israelita en su casa.*

Jesús, en expresión de Robert Feuillet, *presupone la identificación de su hora con la hora de la mujer (Sión) que debe ser madre de un nuevo pueblo de Dios representado por los discípulos.*[6] De aquí que la auténtica imagen joánica, y muy importante en el contexto de la cruz, es la de *Madre de la Iglesia*. Por tanto, no *representa* a *la Iglesia, Esposa de Cristo*, que así gustó contemplarla a diversos Padres del s. IV, sino a *la nueva Eva*, madre de la humanidad nueva. Así Jesús, al que *virginalmente* dio a luz, va en cabeza. Es como está presente en las reflexiones del s. II. Por supuesto, está muy lejos de la intención del autor la maternidad espiritual de María a niveles personales (afirmación tardía que aparece en Oriente, por el s. IX, con la autoría de Jorge de Nicomedia). Hemos de insistir nuevamente: esa Madre de la Iglesia es Israel, el Resto de Israel, que la Iglesia acoge en su casa como un precioso tesoro, porque, en palabras de Otto Semmelroth, *los misterios realizados por Dios en María de manera admirable, han de ser interpretados en su típica proyección eclesial, si se quiere descubrir su verdadero sentido.*[7] Entendemos esto así: María tipifica la Iglesia del mismo modo que el Antiguo Testamento es figura del Nuevo, y María se plenifica en la Iglesia, al entrar en ella en calidad de Madre, del mismo modo que el Antiguo Testamento se plenifica en el Nuevo al entrar en él en calidad de "sustrato materno o profético".

Vemos cómo, apoyado en una vivencia familiar con fortísima carga dramática, el evangelista ha sabido ennoblecer el gesto y expresar una importante realidad teológica, digna de la densidad de aquellas vivencias. No hay nada más distante que el melodrama de muchos sermones construidos sobre unos sentimientos que en modo alguno transmiten una vivencia cristiana a quien los escucha.

Una de las primeras tentaciones que plantearon a Jesús fue la de reformar a su pueblo, como hemos apuntado en el sencillo comentario a las bodas de Caná: Es algo que de un modo u otro aparece en los cuatro evangelios. Jesús es consciente, también desde los cuatro evangelios, de que *mejorar lo malo es empeorarlo*. El Hijo del Hombre, es decir, la Nueva Humanidad, no es Israel, es una realidad nueva, un nuevo pueblo universalizado (*¿Qué tenemos que ver tú y yo?*). La fiesta de bodas de la Buena Noticia no es por tanto la de las bodas de Yahvé con un Israel que ha caído en el ritualismo judaico (no tienen el vino de la Alianza, sino el agua de las purificaciones); es la boda con la Nueva Humanidad. Israel no queda excluido en modo alguno, sino integrado en la nueva economía universalista, en la que no preside ya la Ley, sino el Espíritu de Dios.

Israel vivirá en tanto en cuanto sea *grano de trigo que muere para dar fruto* [8] en la nueva espiga. Tan importante es esta siembra de Israel, que toda la actividad de Jesús se limitó prácticamente a la proclama evangélica en su pueblo, con las referencias imprescindibles y no disimuladas en los evangelios, para que se pudiese entender que la buena noticia era universal, es decir, hacia los paganos; sólo que Israel no escuchó la convocatoria y Jesús, sólo él, llevó a cabo la proclama y él solo asumió el papel del colectivo *Hijo del Hombre*, aunque, una vez revelada la misión completa (experiencia de la cruz y de la resurrección), se realizó ese despegue. En ese despegue precisamente consiste el argumento del Libro de los Hechos. En la teología de Juan se distingue entre *el auténtico israelita,*[9] (el israelita de la esperanza, el israelita del espíritu) y *los judíos,*[10] que, aunque sean descendientes carnales de Abraham, en realidad, hijos de la tiniebla, grupo que encarnaban los dirigentes de un pueblo sin rumbo por culpa de ellos, *como ovejas sin pastor.*[11] *El judío* es raza para

Juan y, como tal, no está dispuesto a morir para la universalidad, sino a perpetuarse con su presunción de pueblo elegido. *Conviene que muera un hombre y no que perezca el pueblo,* [12] dice el Sumo Sacerdote en una frase llena del doble sentido, esa ironía que caracteriza en todo momento al autor del IV Evangelio. *El israelita* se hace hijo de Dios por la fe en Jesucristo: *muere a la raza para nacer al espíritu,* [13] muere al provincialismo misógono para nacer a la humanidad universal.

Desde esta perspectiva, la figura de María trasciende su realidad personal para ser la Hija de Sión, felicitada porque es la Madre del nuevo Israel, en los dolores del parto que significó la Cruz. Así es como ella entra con un papel de excepción en un grupo de cinco mujeres a las que, jalonadas por todo su escrito, asigna Juan un importante cometido, siendo las otras cuatro: la Samaritana, que deja el cántaro para proclamar la buena noticia en su ciudad; Marta, que da pie a Jesús para trascender la muerte en la persona de su hermano Lázaro; su hermana María, que predice con la unción de Betania la sepultura del Señor, y María Magdalena, apóstola de los apóstoles tras la experiencia de la resurrección. Como dice René Laurentin, *la mujer en estos casos siempre es la primera. Discierne valores. Despierta. Sugiere. Toma iniciativas. No sólo tiene prioridad de fe, sino también superioridad.*[14]

NOSOTROS CONOCEMOS A SU PADRE Y A SU MADRE

El contexto de este otro pasaje es el discurso del pan de vida. Juan ha compuesto un interesante diálogo en el que ha sabido colocar una murmuración histórica: *¿Qué nos va a enseñar este aldeano de Nazaret que sólo sabe hacer chapuzas como José, su padre? ¿Es que no conocemos bien a toda su parentela?* Este rechazo, la incredulidad de sus hermanos y las contestaciones proverbiales de Jesús, *nadie es profeta en su tierra* y *mi familia es la de los que hacen la volun-*

tad de mi Padre, aparecen de un modo u otro en los cuatro evangelios canónicos. Se trata, por tanto, de algo muy importante en la transmisión del mensaje evangélico.

Si bien es verdad que los cuatro evangelios han querido legarnos este tema con una visión teológica notable, es Juan el que lo tocó con más profundidad y el que lo supo situar en el contexto más adecuado:

> *Murmuraban de él los judíos, porque había dicho: "Yo soy el pan que ha bajado del Cielo", y decían: -¿Pero es que no es éste Jesús, el hijo de José, a cuyo padre y madre conocemos? ¿Cómo es que dice que ha bajado del Cielo?*
>
> *Contestó Jesús:*
>
> *-No murmuréis entre vosotros.*
>
> > *Nadie a mí puede venir*
> > *si el Padre que me envió*
> > *no lo trae, y al que venga*
> > *lo voy a resucitar*
> > *en la jornada final.*
> > *Escrito está en los Profetas:*
> > *"A todos tomará Dios*
> > *por discípulos". Quien oye*
> > *lo que el Padre le enseñó*
> > *como a discípulo suyo,*
> > *viene a mí. Si nadie vio*
> > *jamás al Padre, sabed*
> > *que el mensajero de Dios,*
> > *sólo él, al Padre vio...*[15]

Observemos el quiasmo con el que se construye este reproche:

a) Murmuraban... "Yo soy el pan bajado del cielo".
b) ¿Pero no es éste el hijo de José,
b´) a cuyo padre y madre conocemos?
a´) ¿Cómo es que dice que ha bajado del Cielo?

Al *pan bajado del cielo* del primer miembro (a) se contrapone el *hijo de José* del segundo miembro (b). Jesús, *pan bajado del Cielo,* tiene como imagen de fondo la *Divina Sabiduría.*[16] Ahora bien, ¿cómo se atreve Jesús a identificarse con esa Divina Sabiduría? ¿Un chapucero? Y transcribimos una cita del Eclesiástico, que resultará muy esclarecedora a este respecto:

> *El ocio del escritor aumenta su sabiduría; el que está poco ocupado se hará sabio.*
>
> *Pero ¿cómo se hará sabio el que agarra el arado y su orgullo es manejar la aguijada? El que guía los bueyes, dirige los toros y no habla más que de novillos; se desvela por arreglar el establo y se preocupa de trazar los surcos.*
>
> *Lo mismo el artesano y el tejedor, que emplean la noche como el día. Los que esculpen relieves de sellos procurando variar el diseño se esfuerzan por imitar la vida y se desvelan por terminar la tarea.*
>
> *Lo mismo el herrero, sentado junto al yunque, mientras estudia el trabajo del hierro; el soplo del fuego le seca la carne, mientras brega en el calor del horno; el ruido del martillo lo ensordece, mientras se fija en el modelo de la herramienta; se esfuerza por dar término a su tarea y se desvela por perfilar la obra.*
>
> *Lo mismo el alfarero, sentado al trabajo, hace girar el torno con los pies, siempre preocupado por su tarea y trabajando para producir mucho; con la mano modela la arcilla y ablanda su resistencia con los pies; se esfuerza por terminar el barnizado y se desvela por tener limpio el horno.*
>
> *Todos éstos se fían de su destreza y son expertos en su oficio; sin su trabajo la ciudad no tiene casas ni habitantes ni transeuntes; con todo, no los eligen senadores ni descuellan en la asamblea; no toman asiento en el tribunal ni discuten la justa sentencia; no exponen su doctrina o su decisión ni entienden de proverbios, aunque mantienen la vieja creación, ocupados en su trabajo artesano.*[17]

Por tanto *hijo de José* tiene como fondo no a la persona de origen humilde, sino al oficio humilde de la persona: *la sabiduría del chapucero* (*hijo del chapucero* significa *chapucero*); es lo que pretenden oponer a la Sabiduría divina. La murmuración de los judíos equivale a lo que dice el dicho popular castellano: *zapatero, a tus zapatos.*

La segunda pareja va más lejos aún y contrapone como incompatibles el origen humano de Jesús (b´) y las pretensiones de origen divino (a´).

Si no fuese así, o sobraría el elemento (b), donde menciona sólo al padre, y por su nombre, o bien el elemento (b´), donde menciona al padre, ya mencionado, y a la madre, ahora ambos sin nombres. A nosotros nos interesa hacer hincapié en esta segunda parte del reproche, la que se refiere a los orígenes de Jesús, porque es donde menciona a *su padre y su madre.*

Jesús no entra en la discusión porque se expresa en otro plano. Se limita a volver a afirmar, y con más fuerza, su origen divino: *Nadie ha visto al Padre: sólo el que está junto a Dios.* Pero conocer a Jesús es una gracia, es ser *discípulo divino.* Avanzado el discurso, hablará de ese conocerle como *comer su carne* (alude a su contingencia de hombre), es decir, aceptar *lo que se nos revela de Dios en una naturaleza frágil,* incluso de *beber su sangre* (alude a su muerte violenta), que es un paso más: *no sólo mortal, sino masacrado.*

Debemos pues ver la importancia de esa mención *del padre y la madre* en este contexto. Lo reafirmará Jesús en la palabra *carne* superando toda contradicción con su origen divino, que es lo que responde inmediatamente. Avancemos un poco más. Mateo se acerca sobriamente al misterio sin explicarlo y Lucas utiliza, como veremos, la imagen de María Madre-Virgen para hacer compatible el origen divino y humano de Jesús. Juan es más sutil. Un hombre y una mujer, como padre y madre, son el sustentáculo de su realidad humana. Su origen y realidad divinos son el Logos eterno de Dios, el Proyecto de la Nueva Humanidad de hijos de Dios, los que creen en su nombre, que tienen un nacimiento que no proviene de la naturaleza, sino de Dios, a imagen de ese misterioso nacimiento de Jesucristo. Para ese *nacimiento de lo alto* o *nuevo nacimiento,* [18] no estorba haber nacido de una pareja ni incluso ser ya viejo, porque es otro modo de nacer. El padre de Jesús, mencionado por su nombre, José, sustenta su humilde sabiduría y habilidad artesanal, como nacido en un ámbito de gremios heredados, que es lo que afirman sus enemigos cuando le quieren recriminar que su sabiduría no es divina (así entienden que dice), y ni siquiera humana, porque no tiene estudios. La madre, por otra parte, siempre mencionada sin su nombre,[19] sustenta la pertenencia al pueblo judío, al que, como hemos visto, tan noblemente representa.

Pensamos que ese no mencionar el nombre de *María*, por supuesto conocido por el autor y por los lectores, responde a un propósito importante: En Caná y en el Calvario, *Madre* y *Mujer* facilitan el símbolo de *Israel* y *Sión*. En el pasaje de la murmuración, *padre y madre* unidos facilitan un doble símbolo: de su pertenencia concreta a una familia sin relieve religioso que notar (así la intención de los murmuradores) y de su realidad humana, sacramento de la divinidad (así vienen a significar las palabras de Jesús).

EN SÍNTESIS

Si son así las cosas, ¿se puede sacar de estos textos algún conocimiento de María, la madre de Jesús? La respuesta podría situarse a dos niveles: el histórico y el teológico. Y creemos que en ambos podemos llegar a realidades nada despreciables.

· A nivel histórico, el recorrido de Jesús por Galilea, incluso la estancia en Cafarnaum, están marcados por unas relaciones familiares que no impiden su convivencia con el discipulado. En estas relaciones familiares se habla de madre y hermanos. Suponemos con toda probabilidad que José ha fallecido, pues, de lo contrario, es difícil explicar su ausencia. Cuando se diga después *hijo de José* no significará en modo alguno que esté vivo, y, como hemos anotado, sólo hace alusión a la profesión del padre, como condicionante de la del hijo, la herencia de esa capacitación exclusivamente gremial. La presencia de todos en la boda es a causa de María, que parece ser la más amiga o más emparentada con la familia que celebra esa fiesta. No se dice nada de los hermanos en la boda, pero sí en la bajada a Cafarnaúm, una ciudad importante donde tal vez se hubiese establecido el clan familiar. Esta omisión en la fiesta de las bodas tal vez no sea fortuita, puesto que toda la parábola va a estar impregnada de la alegría del reino de Dios que llega, y de los hermanos va a decirse que no creían en él. La preocupación de María por los apuros de esta familia también parece que está en la base histórica del relato. Ella pudo motivar que el regalo de Jesús y sus discípulos a los novios fuese vino, del modo que sea. En cuanto a las previsiones de Jesús por el futuro de su madre, también nos parece un sustrato histórico bien fundamentado: viendo cercana su entrega a traición y su muerte, no la encomendó a sus hermanos, fuese cual fuese el parentesco, sino al discípulo amigo, y, aunque eso no tuviese por qué suceder necesariamente en el momento y lugar de la cruz, no hay razones de peso para negarlo. Podríamos saber también, si estuviese en lo cierto la opinión de que la escena íntima de la cruz la viven sólo tres personajes, este otro dato familiar: que el abuelo materno de Jesús se llamaría Cleofás.

Sobre los datos que ofrece por ciertos o probables, aun sin desviarse de María como persona, hace el evangelio su reflexión teológica, que nos descubre otros aspectos de la realidad. La madre no es incluida sin más entre los parientes. Unos textos capaces de recoger como palabra de Jesús que *no son hijos de Abraham los que descienden de él según la carne* y que dicen con toda franqueza que *los hermanos de Jesús no creían en él*, no se andan con contemplaciones, cuando habla de los familiares de Jesús. Por tanto, cuando su madre sirve de base simbólica para realidades positivas es porque realmente podía sustentar dignamente tales realidades. Como este segundo aspecto es el que aquí nos interesa, vamos a observar qué se nos dice de María. La vemos:

- preocupándose por los problemas de los demás, sintiendo los apuros ajenos como propios
- fiándose de Jesús. Lo que no entiende lo suple con su disponibilidad para el reino de Dios
- una israelita de esperanza, hasta tal punto que su persona ha servido al evangelista para representar al Resto de Israel
- una mujer que se deja transformar por la buena noticia, porque en un principio no sabe de qué va el cumplimiento de las promesas; la muerte de su hijo no la devuelve a su familia carnal, sino a la familia espiritual de Jesús.

María representa algo tan importante como el seno dichoso de Sión, que se abre para que Dios nos haga desde ella el gran regalo de Jesús. Y esto podía haber sucedido desde una mujer cualquiera, sin religiosidad relevante, porque es puro don del Padre lo que se nos ofrece, pero no fue así. En María encontró el autor del Evangelio de Juan alguien que podía llevar con toda dignidad la representación del Israel espiritual, el Israel de la esperanza, y, como este Israel espiritual, también ella desembocó en la Iglesia y fue acogida en ella como un legado precioso de nuestro Salvador.

PLAN DE TRABAJO

Se nos podría hacer una pregunta: ¿Por qué hemos comenzado por Juan, el más tardío de los evangelios canónicos? Precisamente por eso. Aquí está todo más reflexionado, más teológicamente elaborado. Sin concesiones al sentimentalismo, de ningún modo se arranca aquí la piel de lo humano, que siempre se revela en pequeños detalles muy significativos. Ya hemos visto cómo los personajes y sus sentimientos aparecen por debajo, en esas sencillas historias que se adivinan tras la redacción, pero la fe se pone por encima de esos sentimientos superficiales e inconsistentes con que se rellenan tantos actos de piedad cuando falta la entrega generosa a los demás, que es la única expresión válida de nuestra entrega a Dios.

Podemos considerar con qué sobriedad nos habla el IV Evangelio, y con qué ahorro de palabras, sin que por ello prescinda de su notable genio compositivo: disposición de las escenas en sus contextos apropiados, sentido dramático, asociaciones de ideas, ironía, sutiles citas bíblicas o citas entrecruzadas del propio texto e ingeniosas expresiones de doble sentido.

1. Hemos de seguir nuestro recorrido por los evangelios: el pasaje de la murmuración, el de la aclamación popular y el de la madre y los hermanos en los Sinópticos. La referencia de Hechos a la madre y los hermanos. Los Evangelios de la Infancia. La cita paulina y la Mujer del Apocalipsis.
2. Se hace necesario también despachar al menos en unas breves palabras a los Apócrifos.
3. El análisis siguiente será la historia y el alcance de las grandes afirmaciones dogmáticas: Virgen y Madre, Madre de Dios, Inmaculada Concepción y Asunción.

4. Es importante también hacer un recorrido por las metáforas patrísticas, la evolución de la piedad mariana, y las desviaciones iconográficas.
5. Por último, pretendemos ver en María lo que dos mil años nos han enseñado a valorar.

Este libro no es en modo alguno un tratado sistemático de Mariología, sino un conjunto de reflexiones que intentan contribuir a una piedad sincera, que pueda reconocer de una manera fundamentada el importante papel de la madre de Jesús sin dejarse llevar de sentimentalismos improcedentes, sin conceder a las palabras pronunciadas con autoridad más valor que el que pueden tener estos vehículos históricos de comunicación humana y, sobre todo, sin dejar que la imaginación del hombre asuma el protagonismo de saber todo lo que Dios debe regalar a María por ser la madre de Jesús. Dejemos que sea Dios el que lo haga.

MARÍA EN LOS SINÓPTICOS Y DEMÁS PASAJES DEL N. T.

PASAJE DE LAS MURMURACIONES

Y partiendo de allí se fue a su pueblo natal y le seguían sus discípulos. Y llegando el sábado se puso a enseñar en la sinagoga y la mayoría, al oírle, manifestaba gran asombro diciendo:

-¿De dónde le vienen a éste estas cosas, y qué es este saber que le han dado, y esta clase de obras poderosas que se realizan a través de sus manos? ¿No es éste el chapucero, el hijo de la María y el hermano de Jacobo y José y Judas y Simón? ¿Y no están sus hermanas aquí entre nosotros?

Y se removía su fe a causa de esto. Y Jesús decía que: "No deshonran a un profeta más que en su pueblo natal, entre sus parientes y en su casa".

Y no podía hacer allí ninguna obra poderosa, sino a algunos enfermos a los que impuso las manos y los curó. Y se extrañaba de su falta de fe. [20]

Hemos comentado este pasaje en Juan que lo supo encajar en un lugar magnífico para darle la vuelta a los argumentos del escándalo insistiendo más aún en la realidad. Marcos no sitúa la escena en la Sinagoga de Cafarnaúm, donde se desarrolla la acción dramática de Juan, sino en la de su aldea natal (su patria), con lo que el conflicto adquiere un carácter más personalizado: las alusiones al oficio y a la familia tienen un tono especial.

No es que se trate de una profesión deshonrosa. Al contrario, no faltan textos judíos, bíblicos y extrabíblicos, que alaben la habilidad manual de estos oficios. Citamos a Joaquín Jeremías: *La gran estima que se tenía por los artesanos y su trabajo se refleja en el hecho de que en esta época la mayoría de los escribas ejercía una profesión. Pablo, que había estudiado en Jerusalén, (Hech. 22, 3) era "skenopoios" (Hech. 18, 3): fabricaba tiendas, o, según otros, tejedor de telas o tapices de tiendas. Entre las profesiones que ejercían los más antiguos doctores mencionados en el Talmud figuran las siguientes: sastre, fabricante de sandalias, carpintero, zapatero, curtidor* (dudo que ese oficio «impuro» lo ejerciese ningún maestro), *arquitecto, banquero*...[21] Simplemente se pone en contradicción la sabiduría divina con las limitaciones de ese modesto saber manual heredado de su padre [22]. Del mismo modo, oponen las obras poderosas a ser *el hijo de la María* y, en definitiva, miembro de una familia sin relieve en una aldea, que tampoco tenía relieve alguno. El hecho de nombrar a la madre y no al padre, puede significar que era viuda desde hacía tiempo, pero no tiene nada de extraño que pueda aludir a un embarazo que fue tal vez en su tiempo objeto de sospechas y críticas en todo el vecindario. Del mismo modo, el artículo que lleva hijo, es interpretado por muchos como una expresión que denotaría que es *su hijo único*.

En Mateo, que transcribimos a continuación, la narración de Marcos es, como de costumbre, comprimida y modificada en coherencia con su estilo. La murmuración se hace en términos más suaves. Es cierto que *el hijo del chapucero* significa en el contexto lo mismo que *el chapucero* en Marcos, pues más que nombrarse al padre se está nombrando la profesión heredada, incluso puede ser también esa expresión semita que acentúa la profesión sobre la persona; pero si a eso le añadimos que ha cambiado la expresión *el hijo de la María* por: *su madre se llama María*, se ve que, al modificar la frase, ha atemperado la crudeza despectiva, insultante, de aquellos aldeanos.

> *Y sucedió que cuando Jesús terminó estas parábolas, marchándose a su pueblo natal, les enseñaba en la sinagoga hasta el punto de quedar asombrados, y decían:*
>
> *-¿De dónde viene esto, su saber y sus obras poderosas? ¿No es éste el hijo del chapucero? ¿No se llama su madre María y sus hermanos, Jacobo y José y Simón y Judas? ¿Y todas sus hermanas no están entre nosotros?*
>
> *Y se removía su fe a causa de esto, pero Jesús les dijo: "No deshonran a un profeta más que en el pueblo natal y en la familia". Y allí no realizó muchas obras poderosas, debido a su incredulidad* [23].

La moderación que hallamos en las murmuraciones contadas por Mateo, que evita la desvergüenza del habla popular, está aún más acusado en Lucas. Él y Juan, cada uno con su propia genialidad y estilo, han enmarcado la escena en una pieza muy interesante, tanto literaria como teológicamente. En el caso de Lucas, la murmuración es una frase muy corta que no nombra a la madre ni a los hermanos, sino al padre, y pensamos que en razón de su oficio, para sacar consecuencias de la sabiduría, como hemos comentado: "¿Qué podemos esperar que nos enseñe de los profetas un chapucero, hijo de chapucero?" La ausencia de María en este texto es importante para comprender mejor a Marcos, que es la base de nuestra reflexión sobre el tema.

Y fue a Nazaret, donde se había criado, y entró en la sinagoga, como era su costumbre cada sábado, y se puso en pie para hacer la lectura. Le entregaron el rollo del profeta Isaías. Lo desenrolló y dio con el texto que dice: "El Espíritu del Señor está sobre mí, porque me ha ungido para que dé la buena noticia a los pobres; me ha enviado a proclamar libertad a los cautivos y dar la vista a los ciegos, para despedir en libertad a los sometidos, para proclamar el año de gracia del Señor". Entonces Jesús enrolló el volumen, se lo devolvió al encargado y se sentó. Los ojos de todos los asistentes estaban fijos en él cuando empezó a decirles:

-Hoy, ante los que habéis estado escuchando, ha tenido su cumplimiento este pasaje.

Y todos testificaban en contra suya, extrañados de aquellas palabras sobre la gracia que habían salido de sus labios, y decían:

-Pero ¿no es éste el hijo de José?

Él replicó:

-Seguro que me vais a encajar el refrán de "médico, cúrate a ti mismo"; haz aquí en tu tierra lo que cuentan que has hecho por Cafarnaúm.

Y añadió: -"Ningún profeta es aceptado en su tierra". Os aseguro que en los tiempos de Elías, cuando estuvo cerrado el cielo tres años y medio y un gran hambre asoló el país, había muchas viudas en Israel, pero no fue enviado Elías a ninguna de ellas, sino a una de Sarepta, cerca de Sidón, y en tiempos del profeta Eliseo había muchos leprosos en Israel, pero ninguno de ellos fue sanado, sino Naamán, el sirio [24].

Después de esta lectura de los tres textos y con el recuerdo del de Juan, podemos afirmar sin temor a equivocarnos que el ser Jesús hijo de María no era precisamente una carta de presentación favorable. Contribuía al escándalo (*y se removía su fe a causa de esto*). Claro que eso era parte de la condición humana de Jesús. No es posible la fe en Jesús sin la aceptación sin reservas de su condición humana, de su *carne*, porque ella es el sacramento de Dios (*el Pan que yo voy a dar es mi carne para la vida del Mundo*, dice en el IV Evangelio) [25].

La maledicencia y la crítica en los ambientes cerrados es proverbial: sucediese como sucediese la historia real (ninguna hipótesis razonable afecta al sentido profundo de la fe) parece lo más probable que María sufrió la humillación de verse en lenguas, y le honra que Dios no tiene por auténtica una supuesta fe en Jesús que no cuente con esta formulación: *Creo en Jesús, el hijo de María*. No bastaría con el *nacido de mujer* [26] si no entendemos que María es la mujer concreta de la que nace, con su pueblo, su familia y otras muchas circunstancias, todas concretas. Esa persona que es así es la que da realidad humana al Señor. Y el conocimiento de esta realidad es anterior a la fe en el Hijo de Dios, porque es el que conduce a esta fe.

LA MADRE Y LOS HERMANOS DE JESÚS

Y fueron su madre y sus hermanos y quedándose fuera, le mandaron recado llamándole y en torno a él estaba sentado un grupo y le dijeron:

-Mira, tu madre y tus hermanos están ahí fuera y te buscan.

Y les dio esta respuesta:

-¿Quiénes son mi madre y mis hermanos?

Y, paseando la vista por los que estaban sentados en círculo alrededor de él, dijo:

-Mirad mi madre y mis hermanos; el que haga la voluntad de Dios, ese es mi hermano y mi hermana y mi madre.[27]

Esta escena base de Marcos se narra con más intensidad que en Mateo o en Lucas, que le dan otro entorno inmediato y otros contextos globales. En la escena anterior de Marcos, Jesús, que acababa de elegir a los Doce, bajó del monte y *marchó a casa*. Como en la escena del paralítico, volver a esta *casa*, asociada con una multitud es volver a la ciudad de residencia, que es Cafarnaúm, de algún modo, símbolo de Israel. Se reunió una gran multitud y los familiares vinieron a echarle mano, porque se corrió el rumor de que se había vuelto loco. Viene después una agria discusión en la que Jesús acaba diciendo al grupo de los letrados que su pecado es un pecado imperdonable, porque están calumniando al Espíritu.

Ese grupo de familiares en este contexto es privativo de Marcos. Si a continuación se nos presenta la viñeta con la que hemos comenzado el tema, comprenderemos mejor esas reacciones familiares más fundamentadas en la honra del clan que en el aprecio por cada individuo, en este caso Jesús. Quizás se tuviera noticia de la elección de los Doce, que habría sido interpretada como un signo político-religioso (mesiánico) muy elocuente: "Pero

¿qué pretende este pariente nuestro escogiendo a estos doce hombres que todos conocemos? ¿En qué lío pretende meterse y comprometer así a toda nuestra familia?" Esta primera tentativa fallida de los familiares mueve la segunda misiva, más discreta, pero cargada de las mismas intenciones, porque cuanto más cercana es la familia, menos quiere verse envuelta un escándalo público. Esperan discretamente fuera del lugar donde se encuentra Jesús y le mandan llamar. Pero todo el mundo sabe para qué se le requiere. No hace falta analizar los sentimientos desde ninguna consideración piadosa para intuir que los de la madre no eran los mismos que los de los hermanos y familiares. Pensamos que, si en ellos podían predominar los sentimientos de honra, en ella los de temor por lo que a su hijo pudiera pasarle.

La respuesta de Jesús no es de rechazo a las personas que han venido, sino a su rol de familiares que se creen con derecho a influir en sus decisiones. La plantilla de la respuesta de Jesús es precisamente la de las exigencias originales de la pareja desde la fundación de la pareja primordial: *Por eso abandona un hombre a su padre y a su madre y se une a su mujer y hacen los dos una sola carne.*[28] Jesús ha optado ya por una nueva familia, representada de momento por los Doce, encargados de hacer la convocatoria a Israel: la familia de los que hacen la voluntad de Dios, que es el seguimiento de Jesús. Por eso, paseando su vista por los que estaban sentados en círculo a su alrededor, dice: *-Mirad mi madre y mis hermanos; el que haga la voluntad de Dios, ese es mi hermano y mi hermana y mi madre.*

Si no hubiésemos tenido noticia de Marcos, difícilmente hubiésemos comprendido el significado de este pasaje en Mateo o en Lucas. En Mateo vemos al maestro en el gesto de *señalar con la mano* en vez de pasar la vista. El ejemplo que señala es también más concreto: *sus discípulos*. Aun el distintivo del parentesco está expresado en resonancias de su lenguaje: *La voluntad de mi Padre que es-*

tá en los Cielos es el reflejo de la oración de Jesús según Mateo. Vamos a transcribir seguidos los dos textos para observar cómo suavizan la escena, que en Lucas se reproduce con gran ahorro de palabras:

> *Estaba aún hablando a la gente cuando se plantaron allí fuera su madre y sus hermanos que querían hablar con él. Alguien le dijo:*
> *-Mira, tu madre y tus hermanos están ahí fuera y quieren hablar contigo.*
> *Él respondió al que se lo dijo:*
> *-¿Quién es mi madre y quienes son mis hermanos?*
> *Y extendiendo su mano hacia sus discípulos dijo:*
> *-Aquí están mi madre y mis hermanos. Pues el que hace la voluntad de mi Padre que está en los cielos, ese es mi hermano y mi hermana y mi madre.*[29]

> *Se presentaron ante él su madre y sus hermanos y no pudieron tener acceso a él a causa del gentío. Le avisaron:*
> *-Tu madre y tus hermanos están fuera intentando verte.*
> *Él les dio esta respuesta:*
> *-Mi madre y mis hermanos son los que escuchan la palabra de Dios y la ponen en práctica.*[30]

Tanto Mateo como Lucas no dejan entrever el conflicto: *quieren hablar contigo* (Mt), *quieren verte* (Lc). Por eso resulta más extraña o impactante, según se mire, la respuesta de Jesús sobre la nueva familia. Nos inclinamos a ver en Marcos la viñeta mejor construida y ensamblada.

El mensaje fundamental es el mismo. La nueva familia no se va a fundamentar en lazos de carne y sangre, sino en el nacimiento por la fe, que nos hace hijos de Dios. Esto no quiere decir que Jesús excluya a su madre y sus hermanos, sino que no son los lazos de la carne los que les harán ya pertenecer a su familia, sino los de la fe.

De hecho sus hermanos no creían en él, pero su madre es propuesta, con una presencia discreta, pero muy importante en los textos evangélicos de Juan y Lucas, como paradigma del Israel fiel. Pensemos que el paso desde sus sentimientos maternales a los de discípula de su Hijo no debió ser tan fácil.

Surge de estos textos un tema que parece de interés. El clan familiar de Jesús nombrado en los evangelios se compone de su madre, cuatro hermanos varones (Jacobo, José, Simón y Judas), que seguramente se habrían avecindado en Cafarnaúm como Jesús, y varias hermanas cuyos nombres desconocemos y que seguramente estarían casadas en Nazaret (*¿No viven entre nosotros sus hermanas?*); también se habla de un grupo de parientes, que podrían ser vecinos de Cafarnaum. José, casi seguro, ya no estaría vivo por esas fechas. Ciertamente, una familia numerosa. ¿De una, o de dos mujeres? ¿Sucesivas, por viudez, o simultáneas, por bigamia? Es cierto que la poligamia, que no estaba prohibida en Israel, era más bien cosa de ricos, pero no es una alternativa absolutamente rechazable, ni en un hombre justo, pese a que los monjes del Qumram se opusieran a ella con tanta fuerza. ¿O se trata de unos primos que, muertos sus padres, son acogidos en la familia de Jesús?

Si hubiesen sido todos varones podría haber otra explicación distinta, pues un grupo familiar (*mispahot*) con diversos grados de parentesco podría ejercer un oficio bajo la dirección de alguien que era llamado *padre*; de igual modo, los oficiales eran llamado *hijos*[31]. Si José había sido el jefe de una corporación familiar de carpinteros, no es de extrañar que los diversos parientes entre los que estaría Jesús se llamasen hermanos entre sí. Pero ¿daba Nazaret trabajo de chapuza para tantos?, y, por otra parte, ¿qué explicación habría para las hermanas?

Nadie puede sacar nada de los textos. Ni afectan para nada a lo fundamental del mensaje. Ni a lo que los evangelios nos intentan transmitir acerca de la persona de María.

¡DICHOSO EL SENO QUE TE LLEVÓ!

Es curioso que el contexto inmediato de Mateo para el texto anterior (la parábola del espíritu inmundo que, tras andar errante, vuelve a su primera mansión) sea el mismo de Lucas para el pasaje que ahora veremos. Y decimos esto, porque el argumento central es también el de la anteposición de la nueva familia de los hijos de Dios a la de la carne y sangre.

Lucas, que, como hemos visto, compuso su lugar paralelo contextualizado al interés de su obra, ahora vuelve a crear un clima en el que volver a insertar tan importante dicho del Señor:

> *Hablando estas cosas, levantó la voz una mujer de entre la muchedumbre y dijo:*
>
> *-¡Bendito el seno que te llevó y los pechos que mamaste! Pero él contestó:*
>
> *-Di mejor: "¡Dichosos los que escuchan la palabra de Dios y la ponen en práctica!* [32]

Lucas, que ha llenado de poesía su evangelio de la infancia y ha sabido dar forma al misterio en unos sobrios relatos encantadores, coloca por dos veces en medio de su obra esta sentencia del Señor. El que supo enaltecer a María en tal medida no la humilla ahora en estas palabras, sino que la resitúa. Si desde ahora va a ser *dichosa* no es por lo que se operó en ella según la carne, sino como obra de la fe.

LOS EVANGELIOS DE LA INFANCIA

Después de la feliz experiencia de Marcos, ese evangelio transmitido en viñetas populares, los escarceos literarios anteriores o contemporáneos, colecciones de dichos del Señor, tal vez relatos de la pasión... palidecen, y los nuevos intentos van a tener en cuenta los criterios generales de este nuevo género literario, incluso Mateo y Lucas seguirán en gran parte el esquema general, que por ello se llaman *sinópticos*; sin embargo, no juzgarán suficiente comenzar sus escritos a orillas del Jordán, donde el Bautista es el heraldo que anuncia y presenta al Salvador.

El enigma de los orígenes del Mesías moverá a los otros tres evangelistas a incluir un prólogo más o menos largo en sus respectivos evangelios. Mateo y Lucas acudirán a su primera infancia, incluso a su concepción, previamente anunciada. Juan escribirá un magnífico poema épico, modelo de concisión y profundidad. Son dos maneras de dar explicación con bellas imágenes a lo que, en realidad, es inefable. Y aun Lucas y Mateo van a tener diverso criterio a la hora de crear estas imágenes. Nos vamos a acercar primero a Mateo.

"EVANGELIO DE LA INFANCIA", DE MATEO

Comienza Mateo con el *documento de la genealogía de Jesús, el Mesías, hijo de David, hijo de Abraham.*[33] Y ya en el mismo titulo parece expresar la intención: auténtico judío y auténtico descendiente real, es decir, legítimo Mesías. No podemos dejar de lado una importante consideración: La genealogía no tenía otra función que la de legitimar. Todo intento de compatibilizar la de Lucas con ésta de Mateo, es inútil, porque a excepción de los nombres absolutamente imprescindibles, poco tienen en común, y no tienen por qué tenerlo, debido al carácter artificial de las listas. Así podemos observarlo en los tres grupos de catorce generaciones, es más: en una sección suficientemente conocida se prescinde de tres eslabones para que esté completo el número catorce, que es por cierto el valor numérico de David:

> *Por eso, todas las generaciones desde Abraham a David fueron catorce. Desde David hasta el destierro, catorce y desde el destierro en Babilonia hasta el Mesías, catorce. Ésta era la genealogía de Jesucristo.*[34]

No nos importan otros detalles para el objetivo que perseguimos, más que éste: Mateo hace mención de cuatro mujeres en su genealogía, y no son precisamente las famosas matriarcas, sino cuatro no judías: Tamar, seguramente aramea, Rajab, cananea de Jericó, Rut, moabita, y Betsabé, esposa de Urías el hitita. Sólo se mencionan estas parejas de los antepasados de Jesús y la descendencia de su unión no es en ninguno de estos casos la de un matrimonio "normal", aunque no en todos los casos irregular: los mellizos de Tamar son fruto de un incesto; Rajab era prostituta; el matrimonio de Rut es indirecto, para que se cumpliese la ley del levirato; Salomón, hijo de Betsabé, es fruto del adulterio de David.

La quinta mujer mencionada es *María*. Ante estas genealogías, que pueden haber sido confeccionadas sobre la falsilla de algunas ya existentes y utilizadas por Mateo con modificaciones para acentuar algún detalle teológico, nos preguntamos: ¿Por qué Mateo incluye estas cuatro extranjeras y madres con algún tipo de singularidad, a veces no tan honrosa? Después de estas inclusiones, ¿qué podemos esperar de la inclusión de otra nueva mujer? La respuesta no es difícil: en primer lugar, podría esperarse que se tratase de una nueva extranjera y en segundo lugar, que su maternidad revistiese alguna singularidad. Cuando Jesús deje Nazaret para ir a Cafarnaum, donde parecen establecerse también la madre y los hermanos de Jesús, Mateo ve en este gesto el cumplimiento de un oráculo de Isaías: *Tierra de Zabulón y Tierra de Neftalí, más allá del Jordán, camino del mar, Galilea de los paganos, el pueblo que estaba postrado en sombras de muerte vio una gran luz*[35]. ¿Podía haber sido María una prosélita, procedente del paganismo, incorporada a Israel por su matrimonio con José, algo así como Rut? Así lo pensaron Seeberg e Hirsch. No podemos afirmarlo ni negarlo con plena seguridad. En cuanto a la singularidad del nacimiento de su hijo, primero se habla de un modo escueto y después se hace más explícito. Dice así:

> *Jacobo engendró a José, el esposo de María, de la cual "fue dado a luz" Jesús, el llamado Cristo* [36].

La expresión normal hubiese sido: *la cual "dio a luz" a Jesús*; pero el verbo griego *engendrar* en pasivo con ese complemento de procedencia (*de la cual*) excluye, por una parte, su significado normal y, por otra, hace referencia al pasivo divino, con lo que, por una parte, se refiere no al hecho de engendrar sino al hecho de dar a luz y, por otra, presupone una especial intervención de Dios en este nacimiento. Esto nos ha hecho forzar un poco el verbo en la traducción castellana. Pero no es esto lo único que se dice, sino que se monta toda una historia, narrada con una gran sobriedad y discreción, que son características de este evangelio. Notemos que la intervención de Dios en la historia humana se realiza de la manera más natural. A esa intervención se le llama *el Ángel del Señor* y no encontraremos paralelo literario en el que este *Ángel del Señor* actúe de manera más sobria y menos espectacular. Actúa en la tierra, no en visiones celestes y terribles, como se ha hecho notar, interviene en sueños dando las órdenes precisas y oportunas y deja al hombre actuar en su obediencia libre.

Se ha señalado algo más: el papel inaugurador de estas cinco mujeres que son mencionadas en la genealogía: Tamar y Judá se unen poco antes de la bajada a Egipto (ya está allí José). Rajab es la mujer con la que, acabado el Éxodo, se abre la conquista de la tierra prometida, la primera mujer que encuentran allí los israelitas y que les facilita la entrada[37]. Rut, unida a Booz para que se cumpliese la ley del levirato inaugura la época de los Jueces. Betsabé, por su parte inaugura de su unión con David la dinastía davídica. Por último, en María se inaugura la Nueva Humanidad.

Terminado el *documento de la genealogía* (así parece que debemos traducir, en vez de *libro de la genealogía*), dice como conclusión: *Ésta era la genealogía de Jesucristo* [38]. Nos parece que esa frase, con el matiz del imperfecto, despacha de algún modo el entronque con el pueblo judío mediante esa lista oficial que no lo dice todo, a no ser por unos toques (la presencia de aquellas cuatro mujeres) que hacen que la intervención especial de Dios rompa la monotonía de los cálculos humanos. Ahora, empalmando con esta última frase, ya que no repetirá la mención explícita de Jesucristo, continúa así:

> *Estando María, su madre, desposada con José, sucedió que antes de que cohabitasen, tenía en el seno (una criatura) proveniente de espíritu santo* [39].

Permítasenos que contra el sentir de autores de relieve opinemos que la ausencia del artículo en espíritu santo, no prueba que sea nombre propio, sino que, como en otros textos del N.T., significa la acción del Soplo de Dios. Pretendemos leer el texto sin ningún tipo de prejuicios. Decíamos al principio que Mateo se acerca al misterio sin pretender darle explicaciones y veremos como Lucas lo pretende dilucidar mediante la imagen de la madre-virgen. Si leemos y releemos este breve texto de Mateo sin relacionarlo con Lucas, no encontraremos indicios de una concepción virginal, sino de un respeto ante el embarazo de María, porque es fruto de algo en lo que aleteaba el aliento de Dios, no importa cómo. Podemos proseguir nuestra lectura, siempre sin salirnos del texto de Mateo.

> *Su esposo José, que era hombre justo y no quería difamarla, decidió repudiarla en secreto. Preocupado con esto, el ángel del Señor se le apareció en sueños diciéndole: -José, hijo de David, no temas en recibir a María en tu casa, pues lo que se ha engendrado en ella proviene de una inspiración divina. Dará a luz un hijo y le pondrás el nombre de Jesús, porque él salvará a su pueblo de sus pecados.*
>
> *Todo esto sucedió para que se cumpliera lo que el Señor había anunciado por medio del profeta que dijo: -Atiende, la muchacha lleva en su seno y parirá un hijo y le pondrán el nombre de «Emmanuel», que significa «Dios con nosotros».*
>
> *Al despertar José del sueño, hizo cuanto el Ángel del Señor le había ordenado y recibió a su mujer y no estuvo manteniendo relaciones con ella antes de dar a luz a un hijo al que llamó Jesús* [40].

Se ha comentado, y creemos que acertadamente, que Mateo, a diferencia de Lucas, no tiene intención de narrar, sino de adoctrinar. Por eso guarda el misterio en su boca sin darle explicaciones. Éste es el mensaje trasmitido a José: "María está encinta. La criatura no es hijo tuyo; pero tú has de hacerte cargo de darle tu familia y tu afecto de padre, porque lo que hay en su seno es algo que está ahí por inspiración divina".

Filón de Alejandría dice de Isaac que fue engendrado en Sara, no por la intervención de Abraham, sino de espíritu santo. Parece recoger una tradición del judaísmo de la diáspora sobre los patriarcas. Si estas afirmaciones de Filón hemos de interpretarlas justamente en un sentido alegórico [41], no debemos ir en el texto de Mateo mucho más allá: No creo que tenga mucha fuerza la afirmación de Fitzmyer que viene a decir que, la intencionalidad de Mateo se sitúa en otro plano, puesto que Filón [42] no resalta el objetivo de acentuar la gracia de la iniciativa divina como hace Mateo. ¿En qué se funda?

Nuestro evangelista dice que en este momento vuelve

a cumplirse aquella sentencia del profeta Isaías al descreído rey Acaz, cuando, se niega a pedir una señal: Dios no ha abandonado a su pueblo y le va a dar por su cuenta la señal: Abí, su mujer, que hasta el momento está sin hijos, va a quedar embarazada y le va a dar por sucesor al piadoso rey Ezequías, y, para significar la fidelidad de Dios, se le apoda *Emmanuel*. Dado que se utiliza en la cita de Mateo la palabra *virgen* (*parzenos*, que es a su vez la traducción de los LXX a la palabra hebrea *ha´almah*)[43], se ha dotado al término de un sentido que ni es el del texto de Isaías, pues se trata de la joven esposa del rey, ni es el de la aplicación que le da Mateo, que sólo quiere hablar de la continuidad mesiánica, cumplida en Jesús, hijo de David, como en otro tiempo se cumplió en Ezequías, y de cómo esto muestra la fidelidad divina a su promesa. Eso sí, es una cita importante, que supone una lectura profunda de la palabra profética, como portadora de un mensaje que no se agota en su contexto histórico concreto.

En resumen, Mateo, en medio de una considerable lista de nombres masculinos que sirven para legitimar a Jesús como miembro del pueblo judío y descendiente de David, incluye cinco nombres de mujeres, en las que, por diversas razones se manifiesta el plan de Dios rompiendo todos los esquemas humanos para mostrarse así soberano de la Historia. La última de ellas es María, esposa de José, pero que, sin relaciones con él, resulta embarazada y lo que lleva en su seno es misteriosamente el plan de Dios. Esta mujer sufre una gran humillación ante su prometido, que quiere compaginar el cumplimiento de la ley, repudiándola, con la misericordia, no realizando ninguna denuncia. Pero es Dios el que está detrás de toda esta trama, y María es recibida como esposa. José *no se acercó a mantener relaciones con su mujer antes de dar a luz*. La frase parece suponer que después comenzaron sus relaciones, pero ni se afirma ni se niega que así fuese, porque lo único que se desea garantizar es que Jesús no es el fruto de la decisión humana de un matrimonio, sino de una decisión de Dios, verdad teológica que Mateo envuelve en esta sencilla y atrevida historia. De este modo, por un procedimiento imprevisible, se garantiza la sucesión davídica en unos momentos en que reina un rey espurio, Herodes: Dios no se ha olvidado de su pueblo, como no se olvidó en los críticos tiempos del descreído Acaz. Refuerza este sentido el especial interés que muestra Mateo en describir la crueldad de Herodes y de su descendiente, Arquelao.

Creemos que, como la realidad histórica central es el mensaje de *Emmanuel*, y los personajes centrales de la narración que envuelve este mensaje son el Ángel del Señor ordenando y José, el hijo de David, aceptando la soberanía de Dios, de este pasaje podemos sacar pocos datos históricos de María, incluso de la concepción y nacimiento de su hijo Jesús, aunque, no puede negarse, ni afirmarse, la posibilidad de un sustrato real bajo la teología de Mateo. Y éste podría ser:

- que María tuviese un origen extranjero y
- que la concepción de Jesús no fuese fruto del matrimonio de José y María.

No creemos que de estos textos podamos sacar más sobre ella. Las nuevas menciones de María en el Evangelio de la Infancia de Mateo son también indirectas:

La primera pertenece a la escena de los Magos:

> *Después de nacer Jesús en Belén de Judá, por los días del Rey Herodes, he aquí que unos magos vinieron a Jerusalén desde Oriente preguntando:*
>
> *-¿Dónde está el rey de Israel que ha nacido? Porque hemos visto la salida de su astro y venimos a rendirle homenaje.*
>
> *Al oírlo el Rey Herodes, quedó confuso y Jerusalén entera con él...*[44] *Y entrando en la casa, vieron al niño con su madre y postrándose, le rindieron homenaje...*[45]

El encabezamiento de la escena que hemos citado tiene en primer lugar la clara intención de enfrentar dos lugares: la pequeña aldea de Belén y la ciudad que ostentaba la capitalidad, Jerusalén. De aquí la oportunísima cita de Miqueas: *Y tú, Belén, tierra de Judá, no eres ni mucho menos la más pequeña entre las poblaciones principales de Judá, porque de ti nacerá un jefe que pastoreará a mi pueblo Israel*, cita que, en su contexto, muy rico teológicamente, también opone Belén a Jerusalén [46].

El objetivo fundamental es enfrentar el poder tiránico y cruel (nunca mejor representado que en Herodes) con la autoridad justa y benigna (nunca mejor representada que en Jesús, que venía a *salvar a su pueblo de sus pecados* [47]). Por eso, también el dato geográfico de Belén tiene un significado mesiánico. Es decir, el dato teológico es el núcleo histórico y hace referencia a la experiencia mesiánica posterior, una especie de aval literario que subyacerá en la aclamación *¡Jesús, hijo de David!*

La sobria composición de Mateo supone que en Belén, no más de dos años después de su nacimiento, Jesús es reconocido con María por unos miembros de la casta sacerdotal persa, si es que interpretamos al pie de la letra el significado de *Magos*; esos sabios astrólogos han visto surgir su estrella. En aquella humilde casa le rinden homenaje y le ofrecen sus presentes. Este homenaje de los pueblos vecinos viene a resucitar los momentos míticos de esplendor, la edad de oro de David y Salomón. No es un homenaje de reyes, sino de sabios piadosos, es decir, de los que saben leer los signos de los tiempos, pero es el homenaje a un rey: esos cofres con oro, incienso y mirra son realmente una generosa ofrenda. Seguro que no hay que ver en cada uno de los presentes un simbolismo, como ha sido frecuente interpretar desde los Padres. El oro todos sabemos que siempre ha sido valorado por el hombre. El incienso y la mirra son artículos exóticos, también de gran valor; los dos son resinas de árboles orientales (de Arabia, India, Somalia y Etiopía), relacionadas con el culto, con la cosmética, la medicina y las artes culinarias.

Se presenta la astrología como una ciencia, en la que Dios domina la situación. Tengamos en cuenta el objetivo fundamental: que el primer homenaje al Mesías de Israel se lo rinden unos paganos. En este homenaje el acento está en la adoración al rey a la usanza oriental, no en la adoración a Dios. Si tenemos en cuenta que el pensamiento bíblico sitúa en los orígenes, aún no contaminados, la esencia de las cosas, comprenderemos el porqué de esta escena de adoración a Jesús niño. Cuando después se reconozca que Israel tenía que abrir su mesiazgo a los paganos, se podrá afirmar que "ya Dios lo había dispuesto así": los paganos habían recibido la buena noticia y se habían hecho dignos de ella.

En la escena se prescinde de José. Él significa la legitimidad; María, la gracia. Él legitima la descendencia davídica del Mesías y Dios se comunica con él para velar por su vida. Ella forma parte de la primera infancia de Jesús y acentúa la acción soberana de Dios. *Levántate, toma al niño y a su madre...* Así son las órdenes del Ángel del Señor:

> *-Levántate, toma al niño y a su madre y huye a Egipto y permanece allí hasta que te lo diga, porque Herodes va a buscar al niño para matarlo.*
>
> *Y levantándose tomó al niño y a su madre de noche y se retiró a Egipto y estuvieron viviendo allí hasta la muerte de Herodes, para que se cumpliese lo que fue anunciado por el Señor a través del profeta que dijo: "Desde Egipto llamé a mi hijo"* [48].

La segunda orden es semejante a ésta:

> *-Levántate, toma al niño y a su madre y marcha a la tierra de Israel, porque los que querían acabar con la vida del niño han muerto.*
>
> *Y levantándose tomó al niño y a su madre y llegó a la tierra de Israel, pero, al saber que Arquelao gobernaba en Judea como sucesor de su padre Herodes, tuvo miedo de dirigirse allí.*
>
> *Avisado en sueños, se dirigió a la comarca de Galilea y se fue a vivir a una aldea llamada Nazaret. Así se cumplió lo*

anunciado por medio de los profetas: que "será llamado Nazareno".[49]

Impresiona la sobriedad narrativa. La soberanía de Dios y la humilde obediencia de José no se pueden expresar mejor que en esas frases repetidas al pie de la letra. No hay ningún detalle que entretenga el hilo significativo. La misma matanza de los inocentes, subrayada con una frase bíblica, que es citada de memoria y sin demasiada precisión [50], es de una concisión estremecedora. Refleja una época en que se ahoga en sangre cualquier brote de mesianismo y una crueldad coherente con la matanza de ancianos que según Flavio Josefo organizó Herodes cuando se vio morir, para que hubiese un llanto bien cumplido el día de su muerte.

Desde Egipto llamé a mi hijo es una cita genérica, que puede ser de Oseas [51], y en la que por vez primera aplica Mateo el mesianismo colectivo (*Israel*) a Jesús. No está fuera de contexto como algunos señalan, subrayando que habla de la ida y dice sin embargo: *Estuvo allí hasta la muerte de Herodes, para que se cumpliese...*[52] Entendemos que quiere decir que, cuando murió Herodes, tuvo lugar la vuelta *para que se cumpliese* lo dicho en la profecía.

El establecimiento de la familia en una aldea perdida, Nazaret, está muy bien atestiguado en los evangelios y responde al nombre que recibe Jesús constantemente. Se juega con el nombre de *nazareno* en referencia al de su pueblo de origen, o al menos donde se crió. Puede provenir de la raíz *nzr*, que significa *flor*, o bien de *nsr*, que hace referencia a la enseñanza y la predicación. Había dicho Isaías que *iba a brotar un vástago de la raíz de Jesé y nacería de su raíz una flor* [53], y Mateo afirma que en este nombre se cumple la profecía. Interpretamos que Jesús era la flor y nata de los maestros de Israel. Pero todo con esa ambigüedad de ser oriundo de un pueblo *del que no puede salir algo bueno*[54], de un pueblo no citado para nada en la Tanaj hebrea. Va a servir para burla en la tablilla de la condena y para timbre de gloria de sus seguidores. Quizás no haya otro título que nos aproxime más a su humanidad.

Como vemos, María ha sido nombrada varias veces en estos capítulos de la Infancia, que tienen una alta significación simbólica al servicio de la teología. Nadie se atrevería a afirmar con conocimiento de causa el embarazo extramatrimonial de María, el nacimiento en Belén, la estrella de los magos, el homenaje que brindan al niño aquellos personajes, la matanza de los inocentes, la estancia en Egipto. Ni a negar absolutamente toda vinculación con algún sustrato histórico. Pero como la historia sobriamente apuntada no es el mensaje de Mateo, la verdad que se nos comunica aparece con nitidez si la desembarazamos de este ropaje. Ésta es pues la tesis de Mateo:

"En aquellos días de crueldad, en los que se está desarrollando una irracional esperanza mesiánica, frente a un rey espurio, acólito de Roma y de sus propios intereses, nació un niño que estaba destinado por Dios a ser el auténtico Mesías que colmaría con creces las promesas de los profetas. Por eso puede decirse que su nacimiento no es el proyecto de una pareja, sino de una inspiración de Dios. Contaría con la oposición de los que detentaban el poder, pero nadie tendría fuerza para torcer los designios divinos. Ese Mesías representa a Israel, que debe anunciar el nombre de Dios a los paganos y curiosamente los paganos le recibirán con más prontitud que los de su propio pueblo. Su nacimiento, y aún su concepción, no son, por tanto, fruto de cálculos humanos, sino pura iniciativa y regalo de Dios."

Y aquí sitúa Mateo el papel de María. Ciertas peculiaridades la convierten en sacramento de esa iniciativa inesperada de Dios y como tal aparece en el texto. Los dos seres entre los que va a crecer Jesús se presentan como especialmente santos (al servicio de lo divino): José dando su árbol genealógico a Jesús y obedeciendo humildemente a Dios para proteger la vida del niño. María ofreciendo la singularidad de su persona y embarazo como el mejor signo de la gracia. Creemos que de los detalles compositivos, cuyo trasfondo ambiental es histórico, como hemos visto, el único dato indudable en lo tocante a los hechos de la familia de José y María es el de su estancia en Nazaret. No hay que insistir más en que los datos teológicos no sólo son de una importancia mucho mayor, sino que los tenemos por más reales desde ese ángulo que presupone un nuevo modo de ver la realidad.

¿Qué significa la singularidad de un embarazo fuera del cauce matrimonial? Es cierto que Mateo habla de un influjo del Soplo de Dios, de una inspiración divina; pero ¿qué sucedió en realidad? Sabido es que en fuentes judías, no exentas de desprecio y maledicencia, se habla del nacimiento de Jesús como fruto de una relación ilícita con un soldado romano, del que incluso se da el sobrenombre: "el Pantera". Aunque hubiese ocurrido una violación, en nada cambiaría el núcleo de la fe. Pero no olvidemos que esas fuentes no son fiables, porque tienen como fin que cunda el desprestigio. ¿Se puede dejar a María a merced de unas lenguas malintencionadas?

"EVANGELIO DE LA INFANCIA" DE LUCAS

Pasamos a Lucas, cuyo Evangelio de la Infancia presenta una evolución explicativa de capital importancia. No es improbable que Lucas compusiera el Evangelio de la Infancia después de haber confeccionado su Evangelio, incluso después de Hechos, pues parece posterior al de Mateo, con el que tiene importantes coincidencias:

- Los acontecimientos tienen lugar durante el reinado de Herodes el Grande.
- María está desposada con José y no tiene aún vida matrimonial con él. El embarazo no es a causa de José y tiene en él capital importancia la inspiración divina.
- José es de la dinastía davídica y, del mismo modo por lo tanto, Jesús.
- El nacimiento es anunciado por un ángel, que impone también al niño que va a nacer el nombre de Jesús y dice de él que será salvador.
- El nacimiento de Jesús tiene lugar después de recibir José en su casa a María.
- Belén se presenta como el pueblo natal de Jesús.
- La familia se establece en Nazaret después del nacimiento de Jesús.

Tengamos en cuenta que lo curioso es el hecho de coincidir, tratándose de un género literario que podíamos llamar *historia teológica*, algo parecido, aunque no exactamente igual, al *misdrâs* judío. Lo normal serían las diferencias. Por eso, las coincidencias se deben en parte a que algunos puntos serían voz común entre los cristianos y en parte a que Lucas pudo conocer la narración de la infancia de Mateo antes de confeccionar el suyo.

En el de Lucas se van desarrollando dos historias, que en un momento se entrecruzan en un solo escenario, hasta llegar al colofón (tal vez comenzaba ahí el Evangelio de Lucas en un principio), que va a consistir en la presentación del Bautista y de Jesús, ya adultos, mediante dos narraciones, cuyos contenidos fundamentales se corresponden hábilmente. El Evangelio de la Infancia que escribe Lucas es el eslabón que liga el tiempo de esperanza (Antiguo Testamento) con el tiempo de Jesús. Por eso sus personajes nominados son en principio personajes del Antiguo Testamento: Zacarías, Isabel, Ana, Simeón, Juan, José y María. Del Antiguo Testamento son las profecías mencionadas en los anuncios angélicos y los versos de los himnos de Zacarías, María y Simeón. También del Antiguo Testamento es el cumplimiento de las leyes cultuales, tanto por parte del sacerdote Zacarías como por parte de María y José. Son los escenarios Belén, la aldea del rey David, y el Templo de Jerusalén. Y es ahí donde irrumpe lo nuevo. María, la madre, es el anillo, el Israel fiel incorporado al nuevo pueblo de Dios, como expresa Juan en aquella entrega de la madre (la Mujer) al discípulo amado (la Iglesia). Por otra parte, personajes innominados (los pastores) son convocados a la buena noticia.

Comienza la historia con los orígenes del Precursor. Nosotros sólo entresacaremos las escenas en que aparece María, la madre de Jesús.

> *Al sexto mes, el ángel Gabriel fue enviado desde Dios a un pueblo de Galilea que tenía por nombre Nazaret, a una virgen prometida a un hombre que tenía por nombre José, descendiente de David, y el nombre de la virgen era María. Entrando a donde estaba ella, le dijo el ángel:*
>
> *-Alégrate, agraciada, el Señor está contigo.*
>
> *Ella quedó perpleja al oír estas palabras, preguntándose qué saludo era aquél.*
>
> *Le dijo el ángel:*
>
> *-No temas, María, que Dios te ha dado su favor. Mira, vas a concebir en tu seno y a dar a luz un hijo y le pondrás el nombre de Jesús. Éste será grande, le llamarán "Hijo del Altísimo" y el Señor Dios le dará el trono de su padre Da-*

vid; reinará para siempre en la casa de Jacob y su reinado no tendrá fin.

María dijo al ángel:

-¿Cómo tiene que suceder esto, si no estoy haciendo vida matrimonial?

El ángel le contestó:

-Bajará sobre ti espíritu santo, y te cubrirá con su sombra fuerza del Altísimo; por eso llamarán «Hijo divino» a lo santo que nacerá de ti. Y mira, tu parienta Isabel, en su vejez, también ha concebido un hijo, y la que tenían por estéril está ya de seis meses porque para Dios no hay nada imposible.

Respondió María:

-Aquí está la sierva del Señor, que se haga ya en mí lo que has dicho.[55]

¿Qué nos quiere decir Lucas dentro del marco general que hemos descrito? Que Dios actúa de un modo imprevisible: que elige lo pequeño para confundir a los poderosos.

¡Qué expresivamente se cuenta todo! No se dice simplemente que Dios envió un mensajero a María: alarga la distancia denominando a María tras multitud de datos: El lector ve al mensajero bajar *desde* Dios a la aldea, la muchacha es identificada por su prometido, con el que todavía no ha comenzado sus relaciones... y cuando se sitúa ante ella, es cuando escuchamos su nombre en el mejor de los saludos. Todo está preparando la sorpresa de la muchacha: "¿Yo? ¡Pero si ni siquiera he sido llamada aún a tener relaciones con mi prometido!" Y la respuesta es: "Sí, tú, y va a ser de otra manera. Tu hijo no va a ser el consagrado de Dios porque sea tu prometido descendiente del Rey David, sino porque lo consagra el poder de Dios." Y descubrimos que es una mujer, no un hombre, la que inicia la nueva genealogía.

Esta genealogía nueva es misteriosa, *no por la carne y sangre*, como dirá Juan, *sino de un modo divino*.[56] Todas las expresiones de Lucas están muy cuidadas para expresar el misterio: no dice *el santo que nacerá de ti*, sino *lo santo que nacerá de ti*; no dice *"el" Espíritu Santo*, sino *espíritu santo*, ni en su paralelo *"la" Fuerza del Altísimo*, sino *fuerza del Altísimo*... Sin descender a más detalles, habla de Dios de una manera difusa, con lo que ha sabido expresar el misterio, es decir, que todo lo que está tratando es una realidad que conocemos por otras vías que las de la razón.

María como ninguna otra persona representa la esperanza y disponibilidad del Israel fiel: *Aquí está la sierva del Señor... Que se cumpla ya lo que me acabas de decir*. Está orando con la oración de Jesús, expresada con la misma urgencia: *que se cumpla ya*.[57] Querer hacer un reportaje de cómo sucedieron unos hechos no es por tanto la intención de Lucas al escribirlo ni debe ser la nuestra al leerlo, sino qué misterio revela de Jesús, cómo *se cumplen* las Escrituras, a qué seguimiento nos invita. Incluso tenemos que tener en cuenta algo muy importante que anota Joseph A. Fitzmyer: *Lo que está claro es que el propósito principal de Mateo y Lucas es hacer una afirmación referida a Jesús, no a María* [58].

Pensamos que Lucas, no Mateo [59], es el que ha encontrado la fórmula de *la madre-virgen* para explicar la venida de Jesús como un don divino en el que ninguna voluntad de ser humano que valga ha intervenido para que suceda. Y de una manera inigualable compone una escena que supera todas las anunciaciones de hijos providenciales que pueblan el Antiguo Testamento (Ismael, Isaac, Sansón y Samuel)[60].

Después de esta impresión general, debemos descender a algunos detalles que revelen lo que Lucas ha querido decir de María:

A una virgen prometida... Lucas, por influencia de Mateo seguramente y por el argumento que desarrollará en este pasaje, emplea aquí la palabra *virgen* (versión que, como vimos, hacen los LXX en el pasaje de Acaz), pero, sin duda, esa palabra hace referencia a la doncellez que en esa cultura ha de tener la muchacha que es entregada al hombre como esposa, de ningún modo a un proyecto de vida de la misma.

Alégrate. Este saludo griego se ha henchido de nuevas perspectivas en la literatura epistolar cristiana, sobre todo en las cartas de Pablo. En este contexto suena a Sof. 3, 14: *Alégrate, hija de Sión*.

Agraciada: este vocativo dirigido a ella, ese participio perfecto pasivo imprime al saludo griego un toque de felicitación; entre tantas mujeres, tú has sido *la agraciada, la favorecida*... Y la expresión siguiente introduce el motivo de la felicitación.

El Señor (está) contigo: sigue siendo resonancia del poema de Sofonías:[61] *el Señor, Rey de Israel, está dentro de ti*. Se ha hecho notar que como saludo aparece en dos lugares bíblicos: en Rut,[62] con valor desiderativo (*esté*) y en Jueces,[63] con valor declarativo (está). Y Dios, cuando está, actúa, ejerce sus obras poderosas:

Vas a concebir en tu seno y darás a luz un hijo al que pondrás el nombre de Jesús: Se han roto todos los esquemas, a una mujer se le confía la responsabilidad sobre un hijo que no le nacerá por iniciativa de varón y a ella se le confía también la imposición del nombre.

Será grande... hijo del Altísimo... el trono de David su padre (referencia clara de Samuel,[64])... *Reinará... Sobre la Casa de Jacob* (expresión tópica para designar a Israel) y *Su reinado no tendrá fin* (alusión al Hijo del Hombre de Daniel,[65])... Todas estas expresiones se mueven a nivel mesiánico, y la última es especialmente escatológica.

¿Cómo ha de suceder esto, si no estoy teniendo vida matrimonial? [66] Lo que no podemos deducir de aquí es ningún propósito de ser virgen, pues estaría en contradicción con su estado de desposada.

Descenderá sobre ti espíritu santo, y te cubrirá con su sombra fuerza del Altísimo: los dos términos paralelos dicen lo mismo en otras palabras, como es regla estilística en el paralelismo de la poesía hebrea. La ausencia de artículos en ambos casos da una gran fuerza a la afirmación como misterio, pues la despersonalización de ambos términos pretende borrar toda sospecha de *hierogamia* (unión sexual sagrada entre una divinidad y una criatura humana), corriente en diversas mitologías. Cubrir con su sombra expresa la protección y la presencia eficaz de Dios Creador, de su Espíritu vivificador.

Lo santo que nacerá (de ti) será llamado "Hijo divino"... Nuevamente una expresión que no intenta violar lo inefable, un neutro que acentúa el misterio. Y después cuida de no perfilarlo para evitar de nuevo que no sea confundido el embarazo virginal con una hierogamia. No dice *hijo de Dios* (con artículo, se concretaría en *el Padre*), sino que utiliza el genérico *Dios* sin artículo, y para distinguirlo hemos preferido una traducción que adjetiva el sustantivo.

Y mira... María no ha pedido señal alguna. Es el ángel el que se la da: *Isabel su parienta*, una mujer estéril y ya menopáusica, está de seis meses: En ningún momento se habla del tipo de parentesco, del que parece excluirse un parentesco cercano (hermana, tía, prima) porque seguramente se hubiese especificado.

Aquí está la sierva del Señor. Que se haga en mí lo que has dicho. En este punto de la narración, Lucas quiere subrayar que María entiende con claridad todo cuanto se le ha dicho y que está disponible a la acción de Dios. La tradición subraya que hasta que no se da este sí de la criatura no se da la acción respetuosa de Dios sobre el hombre, que fue creado libre por Él.

Entramos así en el punto de convergencia de las dos narraciones que se van alternando: El mayor sirve al menor.

> *Disponiéndose entonces María, se dirigió hacia la sierra a toda prisa, a un poblado de Judea y entró en casa de Zaca-*

rías y saludó a Isabel. Y sucedió que, cuando Isabel escuchó el saludo de María, la criatura dio un salto de alegría en su seno e Isabel se llenó de divina inspiración y exclamó a voz en grito:

-¡Bendita tú entre las mujeres
y bendito el fruto de tu vientre!

¿Qué he hecho para merecer que la madre de mi Señor venga hasta mi? Pues apenas llegó a mis oídos el sonido de tu saludo saltó de alegría la criatura en mi vientre. ¡Y dichosa la que creyó, porque ha de cumplirse cuanto el Señor le prometió!

Y dijo María:

-Yo celebro la gloria del Señor	2Sam2,1-10
y reboso del júbilo que viene	
de Dios, mi Salvador, que se fijó	Sal 25,5-LXX
en la insignificancia de su esclava.	1Sam 1,11
Por eso desde hoy me elogiarán,	Sal 113,5-6
una tras otra, las generaciones	
por las cosas tan grandes que hizo en mí	
el Poderoso. ¡Santo es su Nombre	Sal 111,9
y su misericordia es fiel de padres	
a hijos para los que lo veneran!	Sal 103,17
El desencadenó la reciedumbre	
de su brazo para desbaratar	Sal 89,11
los proyectos de los presuntuosos:	
del trono derribó a los soberanos	Sal 146,6
y colocó en lo alto a los humildes;	*1 Sam 2,7...*
a los hambrientos los colmó de bienes	1Sam 2,5
y despidió a los ricos de vacío;	Sal 33,11
acogió a Israel, su servidor,	Is 41,8-9
no se olvidó de la misericordia,	Sal 98,7
que había prometido a nuestros padres,	Miq 7,20
Abraham y sus hijos para siempre.»	Gn 17,7

María se quedó con ella unos tres meses, y después volvió a su casa.

Este es el segundo cuadro de Lucas y en él juega María un papel de coprotagonista. Se dirige a Judea para ser fiel a Dios que le ofrece una señal; pero nos preguntamos si la señal es el embarazo milagroso de Isabel o los sentimientos de servicio que surgieron en María a propósito del embarazo de Isabel. Porque María no se contentó con comprobar un dato, sino que se involucró en el plan de Dios, sirviendo a su parienta durante los tres meses que le faltaban para dar a luz. Así el evangelio cobra su sentido de servicio alegre y desinteresado. Dios mismo se describe en el himno de María como el que despliega todo su poder al servicio de los humillados, despejando de sus cabezas la losa de sus opresores. Este es argumento central del himno expresado en siete aoristos gnómicos, es decir, unas acciones completas que muestran el proceder habitual de Dios. Por eso, el primero, del que los otros seis son la explicación, podríamos traducirlo así: *Siempre desplegó así el poder de su brazo*. Este cántico es un magnífico centón de conocidísimas citas bíblicas, muy bien ensambladas, de modo que el conjunto resultante supera a los originales en sus contextos.

Es cierto que está en medio de una historia teológica cuyos detalles compositivos no se han de considerar históricos, por lo que el poema es una inspirada composición de Lucas; pero, puesto en labios de María, son palabras que cuadran con sus sentimientos, con su fe y esperanza; así entra a formar parte de la teología de Lucas: María puede ser felicitada, porque Dios ha visitado su humillación, como es su modo habitual de actuar. Desde ahora la van a ensalzar todos los pueblos de la tierra, porque en ella realizó grandes hazañas el que es Todopoderoso.

Muestra Lucas una vez más su maestría compositiva. Su centón no pretende alardear de erudición bíblica ni se deja arrastrar por pereza de inventiva; Tomar casi todas las frases de la literatura bíblica es un modo de depositar en la imagen de María embarazada del Ungido de Dios toda la esperanza de los mejores israelitas a través de la Historia. El resultado es un bello cántico, el más bello de los que jalonan su Evangelio de la Infancia.

La alegría es como un exaltado cuarteto en dos conversaciones: las dos madres y los dos hijos, aún en sus senos respectivos, como ha representado deliciosamente la iconografía medieval. Isabel no puede contener ni la alegría ni la sorpresa, y su saludo es a voz en grito. La criatura le salta de gozo en sus entrañas. María también se llena de júbilo y ve que su humillación se ha cambiado en una insospechada exaltación, y la criatura de María, desde su seno, es el centro de todo este ámbito.

Después de narrar la natividad y circuncisión del Precursor, vuelve Lucas a la sección paralela de Jesús. Mateo había dejado unos campos abiertos, que en su plan no tenían la misma importancia porque quiso barajar pocos datos y dejar más en primer plano el relieve de la enseñanza. Para Lucas no era igual. Lucas compone una verdadera historia y toda ella es explicación teológica del evangelio. Por eso, desde los breves datos y términos de Mateo, el embarazo extramatrimonial es el embarazo de una virgen (la palabra ya se había usado, pero sin el sentido que le dará Lucas) y el nacimiento en Belén ha de tener una explicación coherente, como es el Censo de Quirino. Y así es como comienza esta nueva sección que estudiaremos:

> *Sucedió por aquellos días que salió un decreto de César Augusto para censar a todo el mundo. Éste fue el primer censo desde que Quirino fue gobernador de Siria. Y todos marchaban a inscribirse, cada cual a su población. Por tanto, subió también José desde Galilea, desde el poblado de Nazaret, hasta Judea, al poblado de David, que se llama Belén, por ser de la dinastía y familia de David, para censarse junto con su prometida María, que estaba embarazada.*
>
> *En esto, sucedió que se cumplieron los días para parir y dio a luz a su hijo, que era primogénito, y lo envolvió en pañales y lo acostó en un pesebre, porque en el albergue no había lugar para ellos.*
>
> *Y por aquellos parajes había unos pastores que estaban en vela porque hacían guardia nocturna para la custodia de su ganado, y el Ángel del Señor se acercó a ellos y les envolvió la gloria del Señor y se llenaron de gran temor.*
>
> *Y les dijo el Ángel:*

-No temáis, pues, mirad, os doy la buena noticia, una gran alegría, que será para todo el pueblo, porque hoy os ha nacido un Salvador, que es Señor Ungido, en el poblado de David. Y esto os servirá de señal: vais a encontrar a un niño envuelto en pañales y acostado en un pesebre.

Y de súbito, surgió con el Ángel una multitud del ejército celestial, que alababa a Dios y decía:

-¡Esto es gloria para Dios en las Alturas y en la tierra; paz para hombres en los que Él se complace!

Y sucedió que, al retirarse de allí los ángeles a los cielos, se decían los pastores unos a otros:

-Vamos a dirigirnos a Belén y veamos el acontecimiento que ha tenido lugar, el que El Señor nos ha dado a conocer.

Y vinieron corriendo y encontraron a María y a José, y a la criatura acostada en el pesebre. Cuando los vieron, contaban el mensaje que se les había comunicado sobre el niño, y cuantos les escucharon quedaron maravillados de lo que los pastores les habían dicho. Pero María conservaba todos estos acontecimientos dándoles vueltas en su corazón. Entonces volvieron los pastores glorificando y alabando a Dios, por cuanto habían oído y visto, conforme se les había anunciado.

*Y al pasar ocho días, para circuncidarlo, el nombre con que se le llamó fue Jesús, como le había nombrado el Ángel antes de que fuese concebido.*68

La devoción popular y todas las artes se han hecho ternura de todas las maneras posibles contemplando estas escenas, y es que son especialmente bellas las viñetas de Lucas en su Evangelio de la Infancia. Están muy equilibradas y al hábil narrador hay que sumarle la delicada poesía que recorre sus páginas y que aflora en expansiones líricas, cuya originalidad hay que buscarla en haber sabido acertar con las oportunas citas del Antiguo Testamento para que el lector sepa reconocer el terreno que pisa. No hay un detalle narrativo sin un porqué teológico, lo cual nos sitúa de una manera especial en el género literario *evangelio*, inaugurado por Marcos. Diríamos que el Evangelio de la Infancia es la aportación más original que hace Lucas a este género literario. Por tanto hacerle preguntas históricas concretas a estos textos nos parece faltarles al respeto más elemental. Para entender mejor estas afirmaciones, debemos tomar una serie de expresiones claves y acercarnos a su significado.

El censo de Quirino.- Los estudiosos coinciden en que el censo de Quirino es un dato histórico perfectamente conocido, que provocó una oleada de violencia, ya que ése fue el momento en que se implantó de lleno la dominación romana con la imposición de los tributos correspondientes. Ahora bien: este censo tuvo lugar diez o doce años después del nacimiento de Jesús.

Para entender el porqué de este error cronológico vamos a acudir a la fuente de Mateo: Mateo sitúa el nacimiento de Jesús poco antes de la muerte de Herodes, que ocurrió el año cuatro antes de nuestra era. El final de este reinado fue de una gran crueldad y su muerte causó graves disturbios (ambos datos están reseñados por Flavio Josefo), hasta el punto que el delegado imperial en Siria, Quintilio Varo, intervino personalmente con su ejército.

Es evidente que el pueblo conservaba memoria histórica de cuanto le tocaba en lo más vivo, la sangre y la represión de los suyos; que se comentaría con dolor y con rabia todo lo que habían significado los funestos eventos que hemos reseñado, y en definitiva, que vivía como una pesadilla la ocupación romana; pero, sin historia escrita, era difícil determinar si tal o cual masacre, si tal o cual acontecimiento tuvo lugar con ocasión o en tiempos de la muerte de Herodes o del censo de Quirino. Mateo escogió la primera, porque en su mínima narración, fue importante contraponer a Herodes, rey espurio, con Jesús, vástago legítimo de David. Lucas escogió la segunda, ya que el censo era una ocasión magnífica para de dar explicación a la presencia de José y María en Belén, la ciudad de David, a cuya estirpe estaba prometido que no le faltaría el Ungido, Salvador de su pueblo. *El dato histórico fundamental en ambos es el nacimiento de Jesús, Príncipe de la Paz, en años de revueltas y sangre*. Mateo escogió la circunstancia históricamente verdadera, no Lucas, pero ninguno de los dos tenía pretensión de acentuar la verdad cronológica, sino la teológica.

Cada uno se inscribía en su ciudad.- Es cierto que la inscripción tenía lugar en el poblado donde estaban avecindados. Pero José y María eran vecinos de Nazaret. El empeño de Lucas por hacerlos viajar hasta la sierra del Sur en busca de su vecindario, es decir, del poblado de donde procedía su estirpe, tiene un valor altamente provocativo. Así es como Belén, la patria de David aparece al lado opuesto de Roma. Por consiguiente, el Emperador romano, déspota de un imperio creado y sostenido por la violencia se sitúa también al lado opuesto del hijo de David, el Rey Ungido del Señor, Rey humilde y pacífico.

Es de notar que de María se sigue diciendo la misma palabra que en la escena de la Anunciación: *su prometida María*, pues va con ella a inscribirse en calidad de esposa. Viene a significar lo mismo que en Mateo: que José no mantuvo relaciones con ella antes del nacimiento de Jesús.

Y dio a luz a su hijo, que era primogénito.- Este especificativo no incluye de suyo el nacimiento de otros hermanos, sino que se puede decir, y de hecho se dice, de hijos únicos. La afirmación sólo vine a subrayar que María no había tenido ningún hijo anterior a Jesús.

Y lo acostó en un pesebre pues en el albergue no había lugar para ellos. La palabra empleada para denominar el albergue deriva del verbo *desatar*: lugar donde se suelta lo que viene empaquetado para viajar: equipaje, caballería, carros, hasta personas. Es un albergue para servicio de transeúntes. Pero hay un empeño especial en subrayar que José y María no son transeúntes. José es de la Casa de David y la Casa de David está en Belén (como vemos se juega con el doble sentido hogar-estirpe). De todos modos, no se pueden negar otros aspectos de ese *no había sitio para ellos en el albergue* (situación de una mujer de parto en un local público; *vino a los suyos y los suyos no le recibieron, etc...)* [69]

¿Y el pesebre? Si David pasó de ser pastor del ganado de su padre a pastor de la Casa de Israel, también este pesebre puede pasar de lugar donde se apacienta a animales estabulados a *lugar donde apacienta Dios a su pueblo*. No faltan quienes ven aquí subyacente una cita del primer Isaías: *Conoce el buey a su amo y el jumento el pesebre de su dueño. Israel no conoce, mi pueblo no recapacita* (1, 3).

La Anunciación a los pastores.- Lucas no presenta al Ángel del Señor en sueños, como vimos que hace Mateo. Se acerca a los pastores, a la tierra, y la gloria del Señor les envuelve en su resplandor. Dios se acerca en toda su majestad a los últimos de la tierra. A ellos va dirigido el primer *evangelio* (es la palabra con que se anuncia esta alegría). La expresión *Hoy* cobra un gran sentido. Será también la palabra-clave en el discurso programático de la sinagoga de Nazaret[70] . Es proverbial el papel que el tiempo juega en la teología de Lucas. El poblado de David va unido a otros importantes títulos mesiánicos: *os ha nacido un Salvador, que es Señor Ungido*. Los tres términos van sin artículos: el primero de los títulos, *Salvador*, anticipa algo no conocido aún por los pastores, por lo que no es propio decirle *el Salvador*, sino *un Salvador*. El segundo, colocado en tercer lugar, es *Señor*, va como aposición de *Salvador*, y lleva como adjetivo el tercer título, que lo especifica: *Ungido*. Todo el mensaje es por tanto la proclamación mesiánica del recién nacido.

Esto os servirá de señal.- Zacarías pide una señal y Dios se la da. A María se le da sin pedirla. En ambos casos la señal es algo distinto a lo anunciado. En el caso de los pastores, algunos comentaristas muestran extrañeza por el hecho de que la señal coincida con lo anunciado; pero no es así: *reconoceréis al niño en pañales,* (porque está) *acos-*

tado en un pesebre. Con estas características no se encuentra uno todos los días a un recién nacido. Ellos conocen dónde pueden encontrar algún establo por allí. Cuando vean a un niño, ése es.

El Gloria...-- A continuación se moviliza todo el Cielo para corear el anuncio. Esa multitud de criaturas es nombrada como *el ejército celestial*, un tópico con el que se denomina al cielo estrellado y al conjunto de ángeles que se suponen servidores de Dios, por más que pueda ofender hoy la sensibilidad del lector esa palabra.

La alabanza que hacen es susceptible de dos lecturas: volitiva o declarativa.

En la primera se expresaría un deseo: *¡Que sea dada gloria a Dios en el cielo y en la tierra; que haya paz para hombres en los que Él se complace!*

En la segunda se haría una revelación: *Esto* (el acontecimiento de la navidad) *es gloria para Dios en el cielo y en la tierra; es paz para hombres en los que Él se complace*. Nos inclinamos con varios autores de peso por esta versión (Zerwick, Schneider). Está claro que el *beneplácito*, en ambas versiones, es el de Dios y dice *para hombres*, sin artículo, y la indeterminación parece subrayar la libertad del ser humano a la hora de recibir ese regalo de la paz, puesto que con artículo se referiría a todos.

Los pastores, en cuanto se recoge la escena (observemos lo pintoresco de esta expresión, dicha con toda naturalidad: *cuando los ángeles se retiraron de allí* –dice *de ellos-al cielo*), fueron corriendo a comprobar la señal. Y, en efecto, allí ven a María, a José y al niño, que estaba acostado en el pesebre. Este humilde homenaje de los pobres es la aportación de Lucas, mientras que la de Mateo fue el homenaje de los paganos en las personas de aquellos magos de Oriente.

Cuando los vieron, contaron el mensaje.- Se supone que, aunque también lo contaran a José y a María, esta frase se refiere a sus comentarios al tratar después con los vecinos, anticipando lo que harían. Es por lo que la frase siguiente no se refiere sólo a María y a José, aunque también a ellos: *Y cuantos les escucharon quedaron admirados*.

María conservaba todos estos acontecimientos dándoles vueltas en su corazón.- Si la admiración es la reacción espontánea, María no se queda en ese sentimiento, sino que reflexiona, como para encontrar un poco de luz. Esta actitud de María será reseñada por Lucas más de una vez. Tengamos en cuenta que en este modo de contar la historia, los argumentos reales se mueven en el plano de las actitudes, no de los actos. Encontramos por tanto algo que caracteriza a la madre de Jesús y ha sabido captar muy bien Lucas: María es persona responsable, reflexiva y abierta a Dios en los acontecimientos de la vida.

Y al pasar ocho días.- Nos parece irrelevante plantearse la cuestión de si hay que considerar este párrafo como perteneciente a la sección anterior o a la próxima. Creemos que el autor hace una narración seguida donde cada nuevo elemento narrativo se une a lo anterior por medio de una indicación temporal.

La circuncisión, realizada a su debido tiempo, sitúa nuevamente a Jesús en una familia israelita piadosa. Como en el caso de Juan, el nombre impuesto por el Ángel es aquél con el que le nombran al realizar el rito de cortarle el prepucio: *Jesús*. Pero aún quedan un par de ritos que cumplirán sus padres de un modo peculiar, como veremos: el del primogénito varón y la purificación de la madre.

Se ha dicho que el autor, que tiene tanto interés en mostrar que se cumple lo prescrito en la Ley de Moisés, no conoce exactamente lo que en ella se prescribe:

· Se menciona primero *la purificación* sin decir que sea de la madre, sino *de ellos*: pero ¿quiénes son *ellos*? ¿madre e hijo?, ¿María y José?, ¿Jesús y sus padres? Ya esto es tan extraño que los copistas posteriores variaron de distintos modos esa indicación *de ellos*: *de ella, de él*... Pensamos con Laurentin que ese *ellos* se refiere a *los judíos* y que su significado sería: *al cumplirse los días de la purificación que los judíos tienen que realizar según la Ley de Moisés*... Tengamos en cuenta que Lucas dirige su buena noticia a paganos.

· Se hace hincapié en que en Lucas coinciden purificación con rescate, siendo así que la purificación de la madre se hacía a los cuarenta días y el rescate del niño, al mes.

Creemos que hay que tener en cuenta que el acento se pone, no en la *purificación de los judíos*, como hemos interpretado, que es una circunstancia de tiempo, sino en ese *llevaron al niño a Jerusalén para presentarlo al Señor. En ningún momento se narra que el rescate tuviese lugar*. Con motivo de la purificación de la madre, cuyo sacrificio preceptuado se cumple (como eran pobres, *un par de tórtolas o dos pichones*), se lleva al niño, que, por ser primogénito varón, es un consagrado. El rescate preceptuado consistía en pagar cinco pesos de plata a algún miembro de una familia sacerdotal (Num 18, 15-16) y se realizaba diez días antes, para lo que no se necesitaba ninguna presencia del niño en el Templo.

En el caso de Jesús, ¿cómo se iba a realizar ese rescate sustitutivo de su consagración, si él era el consagrado a Dios por excelencia? De ahí que la narración combine lo preceptuado en la Ley con lo que habría de ocurrir en Jesús, como caso excepcional que era. También Samuel fue un consagrado, a quien presentaron en el Templo de Siló (1 Sam, 1, 25-28).

Si vemos así las cosas comprenderemos mejor las dos economías: la de *ellos* (la purificación es la de los judíos) y la de *Jesús* (la consagración no se conmuta). Esto no se contradice con lo que se narra al final del pasaje, la vuelta a Nazaret con sus padres.

Tengamos en cuenta que Lucas no tiene intención de narrar las anécdotas sucedidas, sino dar sentido teológico a su historia, y así, Jesús, el Consagrado de Dios, no puede ser rescatado para otra vida que no sea su consagración, pero esa consagración es laica, es decir, profana. Él templo sólo será una referencia metafórica en la nueva era que inaugura Jesucristo.

Y al cumplirse los días de su purificación según la Ley de Moisés, lo llevaron a Jerusalén para presentarlo al Señor, según está escrito en la Ley del Señor: que "todo varón que rompe la matriz será llamado consagrado al Señor"; y para ofrecer el sacrificio según lo que se dice en la Ley del Señor: "un par de tórtolas o dos pichones".

Y resulta que vivía en Jerusalén un hombre llamado Simeón y este hombre era justo y piadoso, esperanzado en la consolación de Israel y tenía sobre él inspiración divina y le había sido revelado por el Espíritu Santo que no vería la muerte antes de ver al Mesías Señor y movido por el Espíritu vino al Templo. Y cuando hubieron llevado al niño Jesús sus padres para actuar con él conforme a lo establecido por la ley, entonces él le recibió en sus brazos y alabó a Dios diciendo:

-Ya puedes liberar en paz, Señor,
a tu siervo conforme a tu promesa,
que han visto ya tu salvación mis ojos, Is 40,3
la que ante todo el mundo preparaste: Is 52,10
luz de revelación a los paganos Is 42,6
y gloria de tu pueblo Israel. Is 49,6

Y su padre y su madre estaban asombrados de cuanto se decía de él, y Simeón los bendijo y dijo a María, su madre:

-Atiende bien: éste está puesto para Is 15,10
que en Israel caigan o se levanten
todos; será bandera de discordia,
-incluso a ti, te partirá una espada-,
y de este modo quedará patente
cuál era la intención de cada uno.

También estaba una profetisa, Ana, hija de Fanuel, de la tribu de Aser, de edad muy avanzada, que había vivido con su marido siete años, desde su doncellez y per-

maneció viuda durante ochenta y cuatro años, sin apartarse del Templo, dando culto noche y día con ayunos y oraciones. Y presentándose en aquel momento, celebraba a Dios con alabanzas y hablaba de él a cuantos esperaban la redención de Israel.

*Y cuando cumplieron todo lo que era precepto del Señor, volvieron a Galilea, a Nazaret, su aldea. El niño crecía y se robustecía llenándose de saber y el favor de Dios estaba con él.*71

De este pasaje sólo nos va a interesar la noticia que da de María, que se reduce a cuatro puntos:

1. María y su esposo dando cumplimiento a las leyes rituales de su pueblo.
2. María y su esposo admirados ante la profecía de Simeón.
3. Las palabras de Simeón dirigidas a María, y
4. La vuelta de la Sagrada Familia a Nazaret.

- El cumplimiento puntual de lo preceptuado es importante como argumento de pertenencia. Jesús procede de una familia que estaba plenamente integrada en el sistema. Cuando rompa los moldes lo hará desde dentro.
- El aspecto reflexivo de María que Lucas nos describe no está en contradicción con este otro aspecto primario, la capacidad de admiración. Es precisamente la admiración lo que le mueve a la reflexión, y esto es lo que, poco a poco, le irá haciendo discípula.
- Las palabras de Simeón a María son a primera vista una descripción rápida y certera de la condición de signo de Jesús, con un paréntesis dirigido a la madre; pero, si profundizamos más, nos daremos cuenta de que lo que parece un paréntesis es lo fundamental y que todo lo demás está dicho en orden a esa frase. Por eso, nos detendremos especialmente en este punto.
- La vuelta al hogar sin haber pagado el rescate para llevarse al consagrado, encierra, como hemos apuntado, una importante verdad teológica: la consagración de Jesús no es para el culto del templo, sino para el culto de la vida.

Analizamos las palabras de Simeón a María, comenzando por el paréntesis central:

En lo que a ti respecta, una espada truncará tus deseos. Leímos esta versión en Juan Mateos; es coherente con lo que observamos en los evangelios (y más concretamente en Lucas) acerca de María. Orígenes interpreta la espada como la zozobra y la duda que zarandearán su espíritu en los momentos difíciles de la pasión del Señor[72]. Ella, israelita fiel y esperanzada, a la vez que madre amorosa, va a ver truncadas sus expectativas, precisamente por la condición de signo que identifica a su hijo. Como signos son interpretadas sus obras de poder en los evangelios, signos susceptibles de diversas lecturas, según la posición del hombre frente a la vida. Por eso en él se van a descubrir las intenciones de todos. Este signo parece aquí aludir a su condición de piedra sobre la que se levanta el edificio o en la que se tropieza. Presupone esta condición de signo un profundo respeto de Dios al hombre, al que nada impone, sino ofrece.

Como el planteamiento que hacemos ante estos textos no valora la historicidad de la anécdota, sino la veracidad de la teología que en ella subyace, no nos cabe duda que todo lo expresado es de una gran coherencia evangélica. María, encuadrada en ese marco, se describiría con todo realismo como alguien que ha de superar sus expectativas maternales y mesianistas. La metáfora de la espada no sería, por tanto, la de aquella iconografía, posteriormente abundantísima, de la Mater Dolorosa, sino la del sarmiento que ha de podarse para dar más fruto.

Sin embargo, nos parece más afortunada otra versión, en la que no es necesario el hiato que supone este paréntesis que ha traído siempre de cabeza a los comentaristas. María es en la teología lucana como en la de Juan, la imagen del Israel fiel. Citemos al respecto la magnífica reflexión de Pierre Benoit:

> *Si Jesús recapitula y da cumplimiento en su persona a los prenuncios que son Moisés, el Profeta (Dt. 18, 15...), el Mesías, el Servidor, el Hijo del Hombre, él es mucho más que su "antitipo". Él es el Enviado único y definitivo que anuda en su Persona y en su obra de salvación estos dispares comienzos. Ahora bien, el Antiguo Testamento presenta, al lado de la corriente que prepara al Mesías, una corriente inferior, pero paralela, que prepara la comunidad mesiánica: es precisamente la personificación femenina de la Virgen de Israel o la Hija de Sión. Se puede pensar que esta corriente secundaria desemboca en María, como la corriente principal desemboca en Jesús.*[73]

De esta manera las palabras todas de Simeón a María no sólo van dirigidas a su persona, sino a la Hija de Sion, al pueblo de Israel en su Resto pobre y creyente. A esta Hija de Sión se le dice que el fruto de su vientre "está colocado como una piedra, que puede servir para tropezarse o para levantar sobre ella un edificio, como un signo reñido, y *una espada dividirá su alma*, para que así queden al descubierto lo que piensa cada uno."

La espada que significa el juicio que separa a unos de otros es una imagen que aparece en Ezequiel (capítulos 5, 6, 12, 14 y 17), en los Oráculos Sibilinos, en el Apocalipsis (esa espada es la Palabra en la boca del Señor en 1, 16; 2, 12.16; 19, 15.21; el mismísimo Logos de Dios: 19, 13; la Palabra de Dios (Hebr. 4, 12); la boca del Siervo de Yahvé: Is. 49, 2).

Esta tradición simbólica puede pesar sobre Lucas cuando la coloca en medio de otras metáforas para ser la que interioriza las restantes: *dividirá tu alma*; porque, si bien es verdad que la hija de Sion se alegra con los que se levantan, con los que valoran el signo reñido, con los que, al patentizarse lo que hay en el corazón de cada uno, pueden mostrar sentimientos sanos; también siente a su vez dolor por los que tropiezan, por los que rechazan el signo, por los que son sorprendidos en la perversidad de sus sentimientos, y es que una espada ha dividido su alma, al asistir al cisma de su propia familia.

La persona de María, metáfora de Israel, no se nubla ni desdibuja en la metáfora. Cuando ella mereció ser la coronación de toda esa corriente de esperanza, podemos dar por supuesto que los sentimientos de la Hija de Sion se identificaban con sus propios sentimientos. Esta María, Hija de Sion es la que describe Lucas en este pasaje de su Evangelio de la Infancia de un modo magistral.

Nos disponemos ahora para asistir a la última escena del Evangelio de la Infancia:

> *Y acudían sus padres cada año a Jerusalén por la fiesta de la Pascua. Y, al llegar a los doce años, cuando subieron ellos a la fiesta según su costumbre y se cumplieron los días, a la vuelta, se quedó el niño Jesús en Jerusalén y no se enteraron sus padres. Como pensaron que venía en la caravana, hicieron una jornada de camino y le buscaron entre los parientes y conocidos. Y al no encontrarle volvieron a Jerusalén buscándole y el caso es que a los tres días lo encontraron sentado en el Templo en medio de los rabinos, unas veces oyéndoles y otras preguntándoles. Y así quedaban admirados cuantos le oían de su inteligencia y sus respuestas. Y al verle quedaron estupefactos y le dijo su madre:*
>
> *-Hijo, ¿cómo nos has hecho esto? Aquí nos tienes a tu padre y a mí, que te buscábamos llenos de angustia.*
>
> *Y les dijo:*
>
> *-¿Por qué me buscabais? ¿Es que no sabéis que yo debo estar en lo de mi Padre?*
>
> *Y no entendieron la frase que les había dicho. Y bajó con ellos y fue a Nazaret, y estaba bajo su autoridad y su madre conservaba en su corazón todas estas palabras. Y Jesús progresaba en sabiduría, en estatura y en gracia ante Dios y los hombres.*[74]

Ha sido minusvalorado por algunos autores este pasaje como si de una concesión de Lucas al espíritu de los apócrifos se tratase. Lo han considerado así como un apéndice al Evangelio de la Infancia cuyo estilo de escenas paralelas rompe; pero nada más ajeno a la realidad. Se trata de una escena bien trabada, digna culminación de toda la pieza literaria y teológica, en estrecha conexión con la anterior viñeta.

Lucas hace gala de un admirable ahorro narrativo. Ningún detalle debe distraer la atención de lo esencial. Nadie tiene derecho a sacar de aquí que la inteligencia de este niño estaba llena de la infinita sabiduría de Dios. No nos presenta un niño sabelotodo, aunque sí muy inteligente y, diríamos, precoz. Aunque causara admiración, no debemos olvidar que, a renglón seguido, se nos dice que el niño crecía en sabiduría. Tampoco interesa el tema de la conversación: lo que escuchaba de los rabinos, lo que les preguntaba o las respuestas que les daba.

Lo único que se quiere subrayar es que Jesús estaba *en lo del Padre*. Esta expresión es pretendidamente ambigua. Significa con certeza *en la casa del Padre*, pero no sólo eso, pues Lucas tenía cómo decirlo en griego con toda claridad. Significa también *en los asuntos del Padre*. Esta ambigüedad va condicionada por el papel que juega el Templo en la obra de Lucas. El niño, como primogénito, fue consagrado a su debido tiempo y hubiese sido un contrasentido hablar del pago de rescate por él, como ya apuntamos; por tanto, el niño pertenece a la Casa de Dios. Por otra parte, el Templo de Jerusalén no puede ser más que imagen de la nueva realidad de Casa de Dios, incluso una imagen muy desdibujada, como quedará patente en la escena de la purificación del Templo, que cuentan los cuatro evangelistas. Por eso, el niño volverá a Nazaret, a ese templo universal, profano, que es el mundo, donde se desarrolla la vida del hombre y, por tanto, donde se da el verdadero culto al Padre Dios.

El Templo de Jerusalén es sólo una referencia, algo que sirve para recordar que la vida de Jesús es la del Consagrado: *¿No sabéis que yo debo estar en lo de mi Padre?* Así no hay equívocos. Del mismo modo, él es un hijo de familia, como todo hombre lo es, ¡pero que no se preste tampoco a equívocos! Su verdadero nacimiento es el del Hombre Nuevo, por el Espíritu, que hace que Dios sea su Padre. Volvió a Nazaret, a la vida profana (fuera del templo) y creció bajo la autoridad de sus padres, aunque los valores de la carne y sangre no son los que determinarán su vida, sino los de Hijo de Dios.

Es ley de vida que todos los padres sientan preocupación por el hijo, cuya vida es una continua emancipación, hasta llegar a aquello de: *por eso abandonará el hombre a su padre y a su madre...* Pero en el caso de Jesús fue una experiencia de rompimiento mucho mayor. ¿Se puede expresar de modo más bello que en la pintura de ese padre y esa madre angustiados, buscando a su hijo por toda la caravana y por el camino desandado, hasta hallarle sorpresivamente en aquella escuela de rabinos del Templo?

Aparentemente, esta especie de narración poética al servicio de la oferta evangélica no aporta nada a la historia y, por tanto a lo que intentamos saber de María; pero, precisamente porque no es un suceso periodístico, nos acerca más a la realidad interior de las cosas.

Nos hacemos cargo de lo difícil que resultó para María y José ser padres de Jesús, verle crecer bajo su custodia y autoridad en otra onda, contra viento y marea, llegar a tener una conducta y unas palabras que eran un reproche a la observancia religiosa en que ellos habían crecido y hasta ser tildado de loco, de servidor de Satanás. Sin embargo, no se dejó llevar María de las emociones y sorpresas que le proporcionó su hijo, pues fue una experiencia única la de ser madre de alguien absolutamente abierto a Dios, sino que rumiaba todo, sopesaba todo en su interior, y así es como llegó a convertirse de madre en discípula.

MARÍA EN EL LIBRO DE LOS HECHOS

En el Libro de los Hechos, después de la escena de la Ascensión, vuelven los apóstoles a Jerusalén (se supone que los Once)

> ...y *cuando llegaron, subieron al piso alto, donde estaban acomodados: Pedro y Juan y Jacobo y Andrés, Felipe y Tomás, Bartolomé y Mateo, Jacobo de Alfeo y Simón el Zelota y Judas de Jacobo. Todos ellos perseveraban comunitariamente en la plegaria con algunas mujeres y María, la madre de Jesús y con sus hermanos.*[75]

Creemos que es muy interesante esta presencia de María en Hechos. Analicemos brevemente la lista de los que *perseveraban comunitariamente en la plegaria*. Los primeros Apóstoles no se ordenan como esperaríamos, como dos parejas de hermanos. Se unen Pedro y Juan, cuya amistad entre sí y amor por el Maestro están fuera de dudas. Al unirse este par copulativamente con el que sigue (*y* Jacobo y Andrés), queda indirectamente unido Juan a su hermano Jacobo (sabemos que los tres gozaban de una especial confianza con Jesucristo) y, por tanto, Andrés, no queda separado de su hermano Pedro, al ir unido a Jacobo.

Después de estos cuatro, vienen tres parejas de dos, que van unidos por una cópula, y, lógicamente, el último va solo, como para recalcar más la ausencia de uno.

Cuando la oración gramatical ha adquirido sentido, se completa con un doble complemento circunstancial de compañía. El primero consta de *algunas mujeres y María, la madre de Jesús*. La especificación después de un genérico, coloca a María como primera en importancia, así como el ser nombrada después parece sintonizar con el puesto evangélico que ella desea ocupar. El segundo grupo es el de sus hermanos. Debemos tomar nota de que nunca se dice "hijos de María", "sus otros hijos" o algo semejante, sino "hermanos de Jesús".

Después se cuenta cómo Pedro se levanta en medio de una asamblea de unas 120 personas para animarles a elegir un suplente de Judas y completar así el número de los Doce. Como la gente elige a dos, José, llamado Barsabá (Bernabé), a quien apodaban *el Justo*, y Matías y era difícil dilucidar entre tales candidatos, echaron suertes y le tocó a Matías.

Es muy inteligente la jugada de Pedro, promoviendo aquella elección en la que no es ningún hermano de Jesús el que ocupará la vacante de Judas, sobre todo cuando vemos más tarde que, pese a todo, uno de esos hermanos, Jacobo, irá abriéndose paso hasta ocupar un puesto relevante en el sector más reaccionario de la Iglesia de Jerusalén, donde se le tiene un respeto que parece rayano en el temor. Por eso nos parece también significativo que María no vaya en el grupo de los hermanos de Jesús, sino en el anterior. No cabe duda: la confección de la lista fue perfectamente estudiada por Lucas.

Ésta es la narración inmediata a los sucesos de Pentecostés, cuyo relato empieza: *Y al llegar el día de Pentecostés estaban todos reunidos en el mismo lugar...* ¿A quién se refiere ese *todos*? ¿A los Doce más las mujeres, la madre de Jesús y los hermanos? ¿A la asamblea de los 120? ¿A los Doce, cuyo número recién completado pareció a Pedro tan importante? Esta última interpretación parece quedar confirmada como la válida en el versículo 14, en el que sólo se habla de Pedro y los otros once. Por tanto, en el magnífico cuadro que Lucas compuso sobre la venida del Espíritu en forma de lenguas de fuego sobre las cabezas de los que allí estaban, no tuvo intención de reseñar que la madre de Jesús participase personalmente de esa experiencia, pese a la creencia popular, fomentada por una iconografía muy generalizada.

NACIDO DE UNA MUJER (GÁLATAS)

No podemos dejar atrás esta breve cita de Pablo a los Gálatas:

> *También nosotros, cuando éramos menores de edad, nos hallábamos esclavizados, bajo el poder de los elementos cósmicos; pero al llegar la plenitud del tiempo, envió Dios a su Hijo, nacido de mujer, nacido bajo la ley, para que adquiriese a los que estábamos bajo la ley y recibiésemos la adopción de hijos.*[76]

Pablo ha usado la metáfora del niño que ha de estar sujeto a sus tutores hasta que llega a la mayoría de edad fijada por su padre. Entonces ejercerá su papel de hijo, y, por tanto, hará uso de su libertad. El significado de esta niñez lo aplica al hombre que no ha pasado de animal racional, que está bajo la ley de la Naturaleza (la ley del más fuerte), en la que hay que incluir la ley de su pueblo de origen, que en el caso del pueblo judío es la ley del *Pueblo de la Ley*.

Jesús, perteneciente al pueblo, en el que su madre le trajo al mundo, también nació, por tanto, bajo la Ley; pero en él hay un hombre nuevo, nacido por el Espíritu y, por eso, es uno de los nuestros el que nos rescata (el verbo usado está especializado en la compra de un esclavo para darle la libertad) para que seamos hijos. Utiliza la metáfora de la adopción, porque viene condicionada por la otra metáfora del rescate; pero este lenguaje jurídico viene a significar lo mismo que el lenguaje iniciático del prólogo de Juan:

> *A cuantos le acogieron les dio potestad de ser hijos de Dios. A los que creen es su nombre, que no nacieron de unión carnal -sea por la fuerza instintiva, sea por una decisión humana-, sino de Dios.*[77]

María es, por tanto, en esta cita de Gálatas, la que presta señas de identidad humanas a Jesús, algo absolutamente imprescindible para la salvación *respetuosa* que Dios nos ofrece, sin forzar la naturaleza humana, sino desde ella.

MARÍA, METÁFORA DEL APOCALIPSIS

Nos situamos por último ante el Apocalipsis:

> Y en el cielo se vio una gran señal: una Mujer vestida del sol y con la luna bajo sus pies y en su cabeza una corona de doce estrellas. Embarazada, ya está gritando con el dolor del parto y la angustia de dar a luz.
>
> Y se vio otra señal en el cielo. Mirad un gran Dragón[2] rojo, con siete cabezas y diez cuernos y turbantes en sus siete cabezas, barriendo con su cola la tercera parte de las estrellas del cielo y derribándolas a la tierra. Y el dragón se ha posicionado frente a la mujer, que ya está a punto de parir, para devorar a su hijo en cuanto nazca. Y ha dado a luz un hijo varón, el que está destinado a gobernar a los pueblos con cetro de hierro. Y su hijo fue arrebatado hacia Dios en su trono. Y la mujer huyó al desierto, donde tiene un lugar preparado por Dios para que la sustenten allí durante mil doscientos sesenta días.
>
> Y tuvo lugar en el cielo una batalla. Miguel y sus ángeles tenían que luchar contra el dragón, y el dragón combatió junto a sus ángeles, pero no dominó y no había lugar en el cielo para él. Y fue arrojado el gran Dragón: la antigua Serpiente, el que llaman Diablo y Satanás, el seductor de toda la humanidad fue arrojado a la tierra y con él fueron también arrojados sus ángeles. Y escuché en el cielo una voz potente que decía:
>
> *Acaba de llegar la salvación,*
> *el reino y el poder de nuestro Dios,*
> *la autoridad de su Mesías, porque*
> *ha sido ya expulsado el que acusaba*
> *y ante Dios denunciaba noche y día* Zac 3,2
> *a los hermanos! Pero al fin vencieron*
> *por obra de la sangre del Cordero*
> *y también de su propio testimonio,*
> *pues ni el apego a su propia vida*
> *bastó para que huyeran de la muerte.*
> *Por tanto, ¡cielos y cuantos moráis* Is 44,23
> *allí, regocijaos! Pero ¡ay*

de la tierra! ¡Ay del mar, pues, encendido
de furor, a vosotros ha bajado
el Diablo, que sabe el poco tiempo
que le queda!

Y, al ver el Dragón que había sido arrojado a la tierra, se puso a perseguir a la mujer que había parido un varón. Y a la mujer le fueron dadas las dos alas de la gran águila[3] para que volase a su lugar en el desierto, donde es alimentada durante un año, dos años y medio año, fuera del alcance de la serpiente. Y la serpiente arrojó agua de su boca, como un río, tras la mujer, para que la arrastrase la corriente. Pero la tierra ayudó a la mujer y abrió sus fauces la tierra y absorbió el río que el Dragón había arrojado de su boca. Y el Dragón se llenó de ira contra la mujer y comenzó a hacer la guerra al resto de sus descendientes, los que observan los preceptos de Dios y mantienen el testimonio de Jesús.

El niño que, recién nacido, fue arrebatado hacia Dios, hacia su trono, para que la serpiente antigua no pudiera devorarlo, no es otro que el Hijo del Hombre, el Hombre Nuevo, es decir, Jesucristo, de donde nace la Nueva Humanidad. Como Pablo nos mostraba, Jesús es un nacido de mujer igual que lo es cualquier hombre que viene al mundo. Por tanto, la imagen de la misteriosa Mujer del Apocalipsis es María. Ahora bien, en ningún momento es la persona de María el significado, sino el significante.

La metáfora es referida en primer lugar a Eva, como muestran con claridad los signos de *los dolores del parto* y de *la serpiente antigua*. Rastreando por los apócrifos intertestamentarios, nos reafirmamos en esta interpretación, y el autor del Apocalipsis muestra conocer esas leyendas piadosas sobre esa Eva que no murió, sino que fue llevada al Cielo. Esto nos acerca al sentido adánico, universalista, del Salvador. Jesús es el Hijo de la Mujer, el que aplasta la cabeza de la serpiente antigua.

El significado no se agota en Eva, sino que, siguiendo una tradición muy extendida entre los profetas, Israel se personifica en una mujer y, efectivamente, le cuadra esa imagen con sus *doce estrellas*, *vestida de sol*, *llevada al desierto*; esta nueva significación no anula a la otra, sino que se superpone como una transparencia. En efecto, Jesús es hijo del Resto de Israel, ese ser de rostro humano que baja del Cielo en la visión de Daniel. [79]

Lo que no parece ya tan claro es que la Mujer sea también metáfora de la Iglesia, aunque haya abundante literatura y con cierta antigüedad al respecto, ya que la Iglesia no es madre, sino hija de Jesucristo. La Iglesia más bien aparece representada en los descendientes, contra los que arremete la antigua serpiente enfurecida. El hecho de que la liturgia haya tomado esta lectura para la fiesta de la Asunción, no contradice nada de lo que hemos afirmado, puesto que la liturgia emplea con frecuencia unos sentidos acomodados de los textos.

EN SÍNTESIS

El Evangelio proclamado por Marcos, y después por los otros tres evangelistas, consiste en una gozosa presentación de Jesús, hijo de Dios, ungido Salvador, no ya para Israel, sino para todo el mundo. Un cristiano, desde una comunidad concreta, proclama al Cristo de su fe para hacer su convocatoria a la fe en él a cuantos lean estos escritos.

Nos parece propio de la modernidad aquello de *una imagen vale más que mil palabras*, pero es precisamente este convencimiento el que lleva a los evangelistas a presentar a Jesús en magníficas parábolas, que son las viñetas evangélicas, siguiendo el ejemplo del mismo Maestro, que hablaba en parábolas. Por eso, erraríamos si quisiéramos sacar de los evangelios una biografía de Jesús, como se ha repetido en nuestros días hasta la saciedad.

Al lenguaje simbólico, y hasta mítico, hay que añadirle una característica más, el cúltico, como único vehículo para hacer comprender el mensaje religioso de muchas afirmaciones. Pero el Jesús de carne y hueso sale de cada página ¡y de qué manera! Unos pocos datos, que solemos llamar *periodísticos*, los imprescindibles, nos sitúan ante él y, a partir de ahí, emerge esta otra realidad, que es la más importante porque nos señala quién era y cómo era, es decir, la verdad sobre su persona.

Difícilmente sacaríamos muchas conclusiones fundamentales acerca de él en un estudio profundo de su medio; nos aproximaríamos, y naturalmente que todo esto interesa, a una idea de cómo vestiría, qué comería, dónde viviría, qué paisajes contemplaría, qué calles o plazas frecuentaría, cómo sería la gente que le rodeaba, etc. Pero Jesús era en muchos aspectos un disidente y un individuo muy singular, y no nos valen demasiado los estereotipos de conductas de su entorno para suponer la suya. Ni tampoco las prédicas de los rabinos para suponer sus prédicas, aunque no fuesen pocos los que hablasen en parábolas.

María, la madre de Jesús, tiene una presencia discreta, y hasta diríamos interesante, en estos escritos. Cuando intentamos saber más datos de su realidad histórica, ¿podemos hacer las mismas afirmaciones que en el caso de Jesús?

Hemos visto que en los evangelios se presenta a María como la apoyatura del origen humilde de Jesús, incluso como una personificación del Israel fiel. Por otra parte, en los evangelios de la infancia, donde es más abundante su presencia, las escenas son estrictamente teológicas, aunque históricamente ambientadas. ¿Nos incapacita para su conocimiento personal este valor simbólico de su persona? Porque en el caso de su hijo Jesús el personaje no tapa a la persona, puesto que es él el objeto del escrito; pero en el caso de la madre, el personaje está relacionado, nunca es el objeto del escrito. Sin embargo hay una serie de datos absolutamente ciertos, y algunos están muy relacionados con el medio. Esos hacen que el conocimiento del medio sea en ella más fundamental, y las conclusiones que de ahí se saquen pueden afectar al modo como los evangelios tratan a María como símbolo.

UNA MUCHACHA DESPOSADA

Una muchacha de Nazaret, desposada con un hombre llamado José, de profesión no muy determinada, que podría estar referida con la carpintería, la herrería, la construcción o las canteras, y que, dado el pobladito donde viven, podía ser un obrero que entiende de varios oficios manuales, lo que hoy llamaríamos un hombre parado para trabajar en mantenimiento. Tenían ya su compromiso matrimonial, pero, por las razones que fuesen, aún no convivían. Estos datos previos al matrimonio de

María están dentro de un paradigma que, sin lugar a dudas, puede darnos unos conocimientos de ella nada despreciables.

En primer lugar, María vive aún con su familia, de la que no sabemos nada. Ni siquiera si su familia, de Galilea de los Gentiles, si era una familia israelita o tenía unos antecedentes paganos, como algunos coligen del documento de la genealogía que presenta Mateo. Ignoramos también si era hija única o miembro de una familia numerosa. Lo que podemos tener por cierto es que, cuando nació, sus padres hubiesen preferido un varón. Oigamos unas palabras del Eclesiástico, que nos aclaran el porqué de estos sentimientos en aquella cultura:

> *Engañoso tesoro es una hija*
> *para su padre, pues le quita el sueño*
> *con las preocupaciones: cuando moza,*
> *no se vaya a quedar por siempre en casa,*
> *cuando casada, no se la repudien;*
> *cuando doncella, no se la seduzcan,*
> *cuando casada, no se vuelva infiel.*
> *No quede encinta en casa de sus padres,*
> *ni en casa del marido quede estéril.*
> *De tu hija doncella has de cuidar*
> *para que no te traiga la deshonra*
> *ni estés en boca de tu población,*
> *ni sufras el desprecio de la gente*
> *que forma sus corrillos en la plaza.*
> *Que no haya rejas donde vive ella*
> *ni miradores a los que se asome.*
> *No exhiba su belleza a cualquier hombre,*
> *ni trato familiar con las mujeres,*
> *que del vestido sale la polilla*
> *y la maldad de una mujer a otra.*
> *"Hombre malo mejor que mujer buena",*
> *la infame trae la infamia a la familia.*[80]

De seguro que tiene menos de trece años. Como mujer, aun siendo tan jovencita, tiene ya asumido su papel por ósmosis cultural, un papel que entra en un colectivo social denominado así: *mujeres, esclavos y niños*. Su madre y ella habrían lavado más de una vez la cara, las manos y los pies a su padre, algo considerado humillante para un varón, de tal modo que sólo podía exigirse de él si era esclavo no israelita.

Y es que la desigualdad de la mujer con el varón se manifestaba en todos los órdenes de la vida: desde su marginación religiosa en la sinagoga, el templo y la relación con la Torá, hasta su posición en la sociedad, pues su palabra no servía como testimonio; sin motivos razonables se le podía prejuzgar chismosa y hasta sospechosa de practicar magia; cuando había huéspedes en casa, no se le permitía estar a la mesa ni servirla; si era violada en la población, como se suponía que tenía que gritar para que alguien lo evitase, podía ser castigada con la lapidación, caso de estar desposada, o con la estrangulación, si estaba casada; sus promesas sólo eran válidas si las ratificaba su señor, que era, primero, el padre y, después, el marido; no merecía que un hombre se parase a hablar con ella y aún se pensaba que el propio marido sería juzgado a la hora de su muerte si había perdido el tiempo hablando con ella más de lo estrictamente imprescindible; debido a la menstruación, largos períodos de tiempo era considerada una persona impura, a quien había que evitar; no recibía más instrucción que las de las labores consideradas propias de su sexo, que eran las más duras (desde moler el trigo hasta hacer el pan, preparar los otros alimentos, hilar, tejer y coser, lavar, ayudar al marido, preparar la casa...); estaba fundamentalmente relegada al hogar y, cuando salía a algún trabajo, como ir por agua o al campo para ciertas faenas agrícolas, cubría por pudor su pelo con un manto, costumbre que algunas tenían hasta en casa; su alcoba no tenía ventana a la calle, desde donde pudiera "cometer alguna torpeza alguien con ella", ya que había que preservar la virginidad para no ser repudiada a la hora del matrimonio.

Se asemejaba a los esclavos en que, en el caso de la mujer, se podía adquirir por dinero, documentos y el primer coito, y, en el del esclavo, por dinero, documentos y el primer servicio prestado; si era menor de trece años, no se contaba con ella para la elección de su pareja; en su matrimonio estaba expuesta al documento de repudio por las causas más insospechadas o a aguantar la poligamia, si el marido lo creía oportuno; la viuda podía acceder difícilmente al reconocimiento de sus derechos...

Es cierto que Galilea, zona campesina y con mayor influencia helenista, era más liberal, pero, admitidas algunas variantes, estamos seguros de que no diferiría demasiado aquella muchachita de apenas trece años, desposada ya con José, que podría tener de dieciocho a veinticuatro.

José le habría hecho unos regalos en el momento de concertarse los desposorios y, a la hora de las bodas, su familia pagaría por ella el precio llamado *mohar*, que, previo largo regateo concertasen, y que se aproximaría a 10 siclos (unos 120 gramos) de plata o lo equivalente en prestación de trabajos.

No debemos poner de relieve el aspecto «romántico» de su boda. Tal vez ni se conociesen los prometidos antes de las conversaciones familiares para establecer el trato. A María se le ofrecía el único sentido que llenaba la vida de una mujer, la maternidad, y los padres quedaban al fin tranquilos al dar solución a la condición femenina de su hija, que no dejaba de ser un problema; de paso, cobraban *el mohar* por ella.

¿UN EMBARAZO IRREGULAR?

¿Hay un cierto desprecio en las murmuraciones de que se hace eco el evangelio de Marcos? Si no hubiesen sido históricas las dudas de José que Mateo desarrolla teológicamente, no nos explicamos cómo se hubiese atrevido a inventar tal historia, que dificulta su aceptación, dado que para el argumento central que pretendía subrayar, la predestinación y gratuidad del don divino que es Jesús y la acción del Espíritu de Dios, hubiese encontrado otros esquemas que no se prestasen a nublar la honra de María en una sociedad como aquélla. Filón no se atrevió a tanto cuando habló de *la concepción por el Espíritu* de los Patriarcas.

La primera pregunta que nos hacemos es: ¿qué llegó a ser notorio ante la gente? Puesto que se hizo patente que María estaba embarazada y que José no la repudió, el niño, en opinión de todos era de José. Es algo que parece fuera de dudas. Sólo María y José podían saber si el niño no era fruto de sus relaciones. Pero, eso sí, tanto José como María habrían quedado en mal lugar en un poblado pequeño como Nazaret, donde todos podían comentar que no estaba bien anticiparse a una boda que ya no tendría mucho sentido celebrar, pues se solían mostrar en ella como trofeo las prendas ensangrentadas después de la noche de casamientos. ¿Cómo iban a hacerlo, si ya no había virginidad ninguna que proclamar?

Otra pregunta es qué hubiese pasado ante una denuncia de José. Un juicio para la lapidación hubiese necesitado dos testigos. Tendría que haber tenido José sólidos argumentos de que el niño no era suyo. Pero hubiese logrado que la humillación de su mujer fuese mucho mayor. Si José la hubiese abandonado en secreto, la deshonra de María hubiese sido menor y de otro cariz y él hubiese quedado ante muchos como un hombre sin escrúpulos, que deja a su mujer después de haberle hecho un chiquillo. Y él opta por esta segunda fórmula, porque no quería hacerle daño, pero tampoco, cargar con un hijo que no era suyo. ¿Es retomada por Lucas la narración de Mateo? Es Lucas quien habla claramente, no ya de la inspiración divina en lo sucedido sin especificar, sino de una concepción virginal. Juan y Pablo no retoman este enfoque y hablarán de un nacimiento por el Espíritu, de un nuevo nacimiento que nos hace hijos de Dios, a imagen de Jesús. La iniciativa divina queda asegurada con el argumento de la preexistencia, por lo que no necesitan hablar de la virginidad de María. Pueden hablar con todo el realismo de Jesucristo *nacido de mujer* o de que el Logos *se hizo carne.*

Se nos revela en los cuatro evangelios y en el evangelio de Pablo el significado fundamental de la venida al mundo de Jesucristo, que es lo que puede ser objeto de esa antiquísima fórmula, *nació de Santa María Virgen*; pero nunca sabremos cómo sucedieron los hechos, ni nos importa, aunque no falten quienes convierten los dogmas en formulaciones verbales, ¡como si el misterio de Dios cupiese en las palabras humanas! Pero no la eventualidad, sino el significado de los sucesos es lo que interesa al creyente.

CASADA Y MADRE

Una mujer, ya casada y madre, que vive en Nazaret. Ama de casa en una numerosa familia. No podemos jugar con datos que no conocemos. ¿De quiénes son los niños que fueron llamados *los hermanos de Jesús*? ¿Era José viudo? ¿Fue bígamo? ¿Se criaron en la casa hijos de algún hermano difunto? ¿Fueron fruto del único matrimonio que conocemos por los autores de los evangelios? Tampoco sabremos nada. Jesús primogénito de María está suficientemente claro. Jesús primogénito, del modo que sea, de José no está tan claro, aunque nos inclinamos a pensar que sí, porque, aunque fuese ficción literaria lo de la descendencia de David, no era fácil componerla en una familia numerosa donde hubiese otros hermanos mayores. Desde luego fundir los homónimos (los llamados *Santiago* o *Simón* en los evangelios) no tiene más sentido que pretender con ellos demostrar que los hermanos de Jesús no son realmente hermanos carnales de Jesús. Por tanto, parece totalmente cierto que la idílica sagrada familia de tres personas fue una numerosa familia, en la que María tuvo un trabajo considerable como ama de casa.

Que la expresión *el hijo de la María*, de Marcos, pueda denotar que era hijo único de María, aunque probable, no es demasiado concluyente. De todas maneras, nos parece importante observar que siempre se dice la fórmula *los hermanos de Jesús* o *el hermano de Jesús*, pero nunca *sus hijos*, referido a María, no faltando ocasiones de haber podido expresarse en estos términos, que hubiesen parecido más lógicos.

RELIGIOSIDAD DE MARÍA

Las manifestaciones de la religiosidad de esta mujer hay que entresacarlas de lecturas cuyo sentido no es *periodístico*, sino *parabólico*. Sin embargo, algo vislumbramos. Si el objetivo de los evangelios no es en modo alguno, ni tangencialmente, María, el hecho de su presencia en ellos, y, desde diversos ángulos, como signo del Israel fiel y expectante, nos revela a una mujer digna de ese signo que ostentó en estos escritos.

La hemos contemplado como mujer observante, incluso inconformista con la marginación de la mujer, puesto que suele hacer con su marido esa peregrinación anual a Jerusalén que sólo al hombre obliga y es consciente de que Dios actúa humillando a los soberbios y potentados y levantando a los pobres y humillados. Las escenas pueden ser parabólicas, pero no se escogen protagonistas históricos indignos para argumentos honrosos, y menos en escritos como los evangelios.

Del mismo modo, vemos en María una mujer solícita en el servicio, tanto en Lucas (visitación a Isabel) como en Juan (bo- das de Caná).

Su hijo Jesús debió ser objeto de muchas preocupaciones suyas. No se decide a tomar mujer, permanece en Nazaret hasta los treinta años más o menos. ¿En qué piensa? Se marcha de la casa paterna -¿materna?- y, cuando vuelve tras la experiencia del Jordán y del Desierto, lo hace predicando un Reino de Dios que no tiene nada que ver con el nacionalismo, deshaciendo fanatismos, que no son otros los demonios de sus exorcismos, y con una visión que hace desembocar el espíritu judío en algo universal como nunca se había conocido anteriormente.

Los guías espirituales del pueblo están molestos, cunde el rumor de que está loco. La madre, en un principio, se une a los parientes que quieren pedir explicaciones, pero comprende que su privilegiado parentesco con él no le da derecho a pedir dichas explicaciones, y lo comprende de palabras de su propio hijo, que no reconoce ya más parentesco que el que se genera desde la Paternidad de Dios por la obediencia a la Palabra. Y le sigue más o menos de cerca. Es inútil hacer cábalas de si va en el grupo de mujeres, de si está en el cenáculo. Los evangelios no hacen un recorrido sentimental, sino que trazan las pinceladas necesarias para decir lo que es necesario. Junto a la cruz representa al Israel que entra en la Iglesia. Es entender mal las apariciones del Resucitado pensar que *cómo no se iba a aparecer a su madre*. No hablan los textos evangélicos de unas apariciones para consolar a los que estaban afligidos por su muerte, sino de una consolidación en la fe que ha de comunicarse.

Y esa Mujer confiada a la Iglesia, no a sus parientes, ni siquiera a los *hermanos de Jesús* (nunca se dice *sus hijos*, como hemos observado más arriba), está integrada en la Iglesia primitiva que ora. Reflexionemos nuevamente sobre el grupo: los Doce, que como grupo significativo en aquella cultura no debía ser más que de varones, pero los demás discípulos nombrados son Las Mujeres, porque son un grupo importante, hasta el punto de tener la más alta honra que correspondía a un miembro de aquella comunidad: ser los primeros testigos del Resucitado. Con razón se ha llamado a María Magdalena *Apóstola de los Apóstoles*.

Pues bien la madre de Jesús se nombra con ellas, no con el grupo que se menciona aparte, el de los hermanos de Jesús, en el que podría haber estado integrada por razones de familia. Ya no vuelve a hablarse de ella, porque ha completado su carrera personal: de madre a discípula. Y esta discípula tiene un papel especial, ofrecer a la nueva humanidad los cimientos de esperanza milenaria sobre los que sustenta sus pies.

Por lo demás, Lucas ha sabido expresar admirablemente su admiración y respeto por María al asumir su difícil papel cuando pone en su boca las palabras del Magníficat.

APÉNDICE DE ESTA SECCCIÓN

MARÍA EN LOS APÓCRIFOS

Como llamamos *apócrifos* a los escritos que, pretendiendo tener una autoridad, ésta no ha sido reconocida por la Iglesia, nos encontramos con un número no despreciable de muy diversa índole, de entre los que sólo nos interesan ahora los que intentan imitar el género literario *evangelio*.

Dan noticia de la Madre de Jesús el «Protoevangelio de Santiago», el «Evangelio del Pseudomateo», el «Libro sobre la Natividad de María», el «Libro de la Infancia del Salvador», la «Historia de José el Carpintero», el «Evangelio Árabe de la Infancia», el «Evangelio Armenio de la Infancia», el «Evangelio de Bartolomé», el «Evangelio de Tomás» y un grupo de «Apócrifos Asuncionistas» (de Juan el Teólogo, de Juan de Tesalónica y del Pseudojosé de Arimatea).

Hay tres intenciones principales en los autores de estas obras: rellenar vacíos de la vida de Jesús que les resultaban incómodos, novelar poéticamente sobre algo que les sugirió el estilo de los evangelios, hacer propaganda de alguna opinión piadosa o presentarse como la verdadera revelación mas o menos contrapuesta a la de los evangelios canónicos, desde una posición más o menos herética. Entre las herejías más comunes sobresalen el docetismo y la gnosis. [81]

El caso es que este tipo de novelitas descomprometidas y ampulosas sirvió para alimentar una piedad superficial en los momentos en que decaía el fervor cristiano a causa de los favores imperiales, hasta el punto que la iconografía cristiana de la época se fue llenando de sus escenas casi en tanta proporción como si de las escenas evangélicas se tratase y algunas llegaron a celebrarse en la liturgia. Los cuadros más popularizados se relacionan con el nacimiento de María, su presentación en el templo, sus desposorios, la dormición y la asunción, hasta el punto que ésta última ha pasado a ser uno de los cuatro dogmas marianos.

La actitud general de los Padres fue de oposición: Cirilo de Jerusalén decía a sus catecúmenos: *¿De modo que desconoces las Escrituras reconocidas y andas pordioseando vanamente en libros dudosos?* [82] Y así también Atanasio, Jerónimo, Agustín... Más tolerante se muestra Prisciliano, que recomienda sacar las pequeñas buenas enseñanzas que tienen los apócrifos en medio de un gran material de desecho. Pero la verdad es que estas fabulaciones quedaron impresas en la piedad, en los murales y cuadros de los templos y hasta en la liturgia, sin demasiado escrúpulo, porque la filosofía de estas viñetas estaban más en consonancia con la nueva religión a la que ayudaba a fortalecerse que con la auténtica buena noticia de Jesús. En aquellos momentos abundan en mosaicos y pinturas los temas áulicos; en las paredes de las basílicas no están ausentes con los personajes de la liturgia, el «piadosísimo» emperador, su esposa y su corte y, en los ábsides, comienza a ser Jesús como *Pantocrator*, el que culminará en la Edad Media como *Rex tremendae maiestatis*. La misericordia, no borrada del todo de la conciencia, necesitará otra mediación más cercana y surge *la Theotocos*, *Mater misericordiae, spes nostra, advocata nostra*... y las escenas de la infancia y de María en general van a significar todo lo que de ternura podía ofrecerse en aquel terrible mundo. Algo así como lo que ha llamado Leonardo Boff *el rostro materno de Dios*.

Si los evangelios nos hubiesen legado sus viñetas como retazos de una historia más o menos poetizada, haríamos bien en mezclarlos con algunas de estas viñetas apócrifas, que no dejan de tener cierto encanto, pero resulta que los evangelios no pretenden admirar ni enternecer ni satisfacer la curiosidad, sino darnos la buena noticia de liberación, y eso es lo que hay detrás de cada escena evangélica desde Marcos, el creador de este magnífico género literario. Por eso, desechamos un material que nos parece no haber entendido nada del mensaje de Jesús.

Sin embargo, todos estos apócrifos son una pregunta levantada a la que debemos dar respuesta: ¿Por qué ese interés creciente por todo cuanto se refiere a María? Creemos que todo lo que sigue en este libro puede significar de algún modo una respuesta.

BUCEANDO POR LOS CUATRO DOGMAS

Y NACIÓ DE SANTA MARÍA VIRGEN

La primera, más perversa e incomparablemente más dañina de todas las herejías sobre Jesucristo, es el docetismo (de *dokeo*=parecer). Según esta opinión, Jesucristo sólo aparentemente era hombre, tenía un cuerpo etéreo, al que no se le puede atribuir ninguna función ni realidad corporal; parecía aprender, aunque lo sabía todo; parecía comer, dormir... así como pareció sufrir y morir crucificado; pero todo era una pura apariencia.

El docetismo ya estuvo presente en los tiempos apostólicos y tuvieron que salirle al paso Juan y el autor de

Colosenses con un gran ímpetu e indignación, pues con tal teoría se minaban las bases de la fe cristiana. La humanidad del Señor es el sacramento de la misericordia del Padre; es lo que sin ninguna mediación conocemos. Negándola o disminuyéndola cerramos todas las puertas a esta oportunidad única del conocimiento del Padre y esto es peor que negar su divinidad, cuyo conocimiento no es inmediato. Sólo mediante la humanidad de Cristo podemos ir más allá, y seguro que iremos, puesto que es un signo eficaz. Por otras vías, en cambio, no salimos nunca de una religiosidad difusa y descomprometida.

Nunca hubo una secta simplemente doceta, pero el docetismo se presentó de muchos modos; su presencia fue más activa hasta el Concilio de Calcedonia (mediados del s. V); su vida, sin embargo, siguió prolongándose y aún hoy se atisban brotes por aquí y por allí, revestidos de la más impecable ortodoxia, hasta en documentos que se presentan con cierta oficialidad. Incluso ha habido condenaciones a teólogos modernos, a quienes se les ha acusado muy ligeramente de arrianos desde posiciones docetas.

En efecto, parece a muchos que para defender la divinidad de Cristo hace falta no presentarle *demasiado* humano. Y sin embargo ahí tenemos el evangelio de Marcos, que no disimula ningún rasgo de su humanidad, ni de las reacciones de escándalo de aquéllos que no estuvieron dispuestos a aceptarle así. Y un elemento importante de ese escándalo es su propia familia, incluida su madre, en el sentido que hemos visto anteriormente.

Pablo, sin descender a más detalle, toca el nervio del tema en la fórmula: *Cristo, nacido de mujer*, que es la misma profesión de fe que hace Juan: *el Logos se hizo carne*. María es la salvaguarda de esa humanidad real de Jesús de Nazaret, nuestro hermano.

Pero hay un paso más: ¿es Jesús hijo de una irregularidad, si es que el embarazo de María se dio antes de que José la llevara a su casa tras la boda? *Mateo no da por válido el planteamiento*: el embarazo de María fue por una moción del Espíritu de Dios, es decir, entró en los planes de Dios y punto; es más: es un signo semejante al que recibió el impío Acaz de boca de Isaías.

Lucas da un paso más. Fue un embarazo virginal, lo cual, en sustancia viene a significar, como dijimos, aquello de Juan: *No como fruto de la pasión irresistible de una sexualidad que busca desahogo ni como fruto del ejercicio de la libertad del hombre que busca tener un hijo, sino porque Dios lo ha querido así.* [83]

Por eso, José es despojado de todo protagonismo, antes de la anunciación y antes del nacimiento. ¡Con qué naturalidad explica después Lucas la presentación de Jesús en el Templo como cumplimiento de aquel precepto mosaico: *Todo varón que abre la matriz,* es decir, *todo primogénito*...! Después, obviamente, no se dice nada más. Ni explica en qué consiste esa numerosa familia de Jesús que aparece en los evangelios. Nada. Porque nada más lejos de Lucas que descender a detalles como el de un himen intacto antes y después del parto o el de cómo fueron las posteriores relaciones del matrimonio que formaban José y María. Una buena metáfora es siempre un lenguaje auténticamente real, pero creativo. Significa lo que significa y basta. La virginidad de María es la gran metáfora de la gratuidad del don de Dios: ese Hijo del Hombre en el que comienza la nueva humanidad. Nada de lo demás nos importa, ni tenemos derecho a hablar de ello. El evangelio no es una revista del corazón, en que todo el mundo se cree con derecho a irrumpir en la vida de los famosos. Y menos derecho tenemos aún a modificar con esos cotilleos algún punto de nuestra fe, porque no son ni pueden ser objeto de nuestra fe. Y el silencio de Lucas al respecto es muy elocuente, porque él es el que introdujo esta gran metáfora. Su silencio es como decir: esto es todo lo que necesitamos saber en orden a la fe.

La concepción y el parto virginal de María ha entrado desde el principio en el Dogma, desde sus expresiones más sencillas, como son los símbolos de la fe con carácter bautismal hasta las más alambicadas, a la búsqueda de una precisión mayor y obligatoria, en los símbolos conciliares. En Letrán (año 649)[84] , Florencia (1442)[85] y Trento (1555)[86] hallamos las más destacadas declaraciones. La formulación de esta fe ha de estar en armonía con los textos evangélicos en su contenido fundamental que es la llamada a la salvación que Dios hace al hombre por medio de Jesucristo. En efecto, cuando decimos *la Virgen María* estamos haciendo una preciosa confesión de fe en algo fundamental: la gratuidad de la salvación.

Pero la Iglesia sufrió una grave depreciación de la condición sexuada del ser humano, algo que de algún modo se observa en el judaísmo tardío, en los círculos intelectuales gnósticos y neoplatónicos y en los estoicos. Sabido es también el prestigio de que gozaba en Roma la virginidad de las vestales. Si añadimos a esto que unos escritos surgidos fundamentalmente de una cultura semítica son vertidos a la cultura grecorromana, mucho más racionalista, no nos extrañará que la virginidad de María fuera interpretada en términos de integridad anatómica, de tal modo que no quedó demasiado lejos el docetismo (un parto que no es un parto: *como un rayo de sol atraviesa un cristal... sin romperlo ni mancharlo*), como si de un cuerpo saliera un *no del todo cuerpo,* al menos, algo que en el momento de salir *no fuese cuerpo*. Y aún más: desde esta visión muchos comenzaron a considerar algo así como *poco decente* que María, después de haber dado a luz a Jesús, tuviese relaciones sexuales, aunque se tratase de traer al mundo a otros hijos. A este respecto traemos la cita del Pseudo Epifanio diciendo que *el cuerpo de Jesús salió del seno de María sin ofensa* (¡ojo, que el lenguaje traiciona!) *de su virginidad*. No se trata ya de afirmar o negar que Dios pueda hacer estos prodigios, ni mucho menos, sino de averiguar si estos prodigios están en sintonía con el modo de actuar de Dios y, sobre todo, por las razones por las que se pretende obligarle a que así actúe. No sabemos hasta qué punto tenemos derecho a tocar un tema que a nadie importa, pero, sobre todo, lo que hay que afirmar con toda energía es que el enfoque de estas consideraciones no debe nunca estar influido por ideas ajenas a lo cristiano.

Por lo demás, es común desde Ignacio de Antioquía (+107) llamar *Virgen* a la madre del Señor: *Y quedó oculta al Príncipe de este mundo la virginidad de María, su parto* [87] *y la muerte del Señor:* tres *misterios dignos de ser proclamados a voces que se cumplieron en el silencio de Dios.*[88] Así leemos en Arístides (c. 130): *Descendió del Cielo para salvar a los hombres y tomó carne, engendrado por la santa Virgen, sin obra de varón.*[89] Justino (+165), es el primero que convierte en nombre propio de María *la Virgen*: *Pero el poder de Dios vino sobre la Virgen y la cubrió e hizo que, permaneciendo virgen, fuese madre.*[90]

Es una larga lista, en la que desfilan: Ireneo (+200?), Clemente de Alejandría (+210), Hipólito (+235), Tertuliano (+220), Orígenes (+254)... Una muestra de que la metáfora bíblica traducida a la cultura grecorromana se ha convertido en una realidad material es que se plantea la cuestión de la virginidad en el parto y, claro está, no es unánime la opinión de llamarle *virgen en el parto*. Por ejemplo, Tertuliano afirma tímidamente que *no se le podría llamar virgen dando a luz,*[91] y es opinión compartida por otros. Sin embargo estas palabras de Ireneo pueden significar que él creía en un parto virginal: *Sobre su nacimiento dice el mismo profeta en otro lugar: "Antes de estar de parto, ha parido; antes de que sintiese los dolores, dio a luz a un hijo." Esas palabras muestran su nacimiento de una virgen como acontecimiento sorprendente y que nadie hubiese imaginado.*[92]

Se atribuye al mártir Pedro de Alejandría del s. IV, la acuñación de la fórmula ἀειπαρθένος (siempre virgen)[93] .

Debemos citar a Efrén el Sirio (+373) en su imagen poética: *El Logos salió del seno de María de la misma manera que había entrado por su oído,* y compara la salida del seno como la salida del sepulcro en la resurrección, *sin romper los sellos del sepulcro, sin romper los sellos de su virginidad.*[94] Si no interpretamos poéticamente estas palabras, es difícil negar que están impregnadas de docetismo.

El capadocio Gregorio Niseno (+395) inaugura otra teoría: la de su propósito de virginidad; y llega a afirmar que María estaba dispuesta a renunciar a esta maternidad antes que a su virginidad, ¡y que esto era lo agradable a Dios! Agustín (+430) afianza esta opinión cuarenta años después y, sobre este voto de virginidad perpetua, explica que, como no era cosa que admitiesen las costumbres israelitas, motivó su casamiento con un varón justo que estaría dispuesto a custodiar su promesa; por eso la pregunta al ángel, que viene a ser, según él: *¿Cómo ha de ser esto sin que yo rompa mi voto?* [95] Y las afirmaciones de Agustín, como es cosa sabida, pasan al patrimonio de la Edad Media casi como la doctrina segura de la Iglesia.

Para refutar la opinión de Bonoso de Sárdica, fallecido a principios del s. IV, que admitía que, tras el parto de Jesús, tuvo María otros hijos, Siricio de Roma escribe a Anisio el año 392: *¡Con razón se ha horrorizado su santidad de que del mismo seno virginal del que Cristo nació según la carne pudiera haber salido otro parto!* Teniendo en cuenta que por aquella edad patrística se tiene la idea de que la relación marital produce una mancha, sólo justificada por la necesidad de procreación, podemos deducir que estas conclusiones sacadas del dogma de la virginidad de María no son muy ortodoxas, pues ofenden a la Creación de Dios, aunque estén bastante extendidas entre los Padres. No olvidemos que los ámbitos culturales de los Padres, aunque se prolonguen durante mucho tiempo, no pertenecen al depósito de la revelación, es decir, no son tradición cristiana.

El dogma tiene un contenido más serio, porque se expresa en una metáfora evangélica de gran fuerza expresiva, y cualquier intento de trasladar esa realidad del significado al significante es al menos una falta de sensibilidad. En otras palabras: en la misma línea se movieron los que defendían a ultranza la integridad física a perpetuidad que los que exceptuaban el momento del parto (Orígenes, que por otra parte defendió la posterior virginidad después de este parto, Tertuliano, ya citado, o Joviniano -s.IV-). Unos y otros sacaron el dogma de su contexto, llevándolo al terreno de unas ciencias naturales como ellos las entendían y ya hemos expresado más arriba. El argumento central del dogma no puede cifrarse sino en la gratuidad de la donación divina de nuestro Salvador. Esto está en la línea del Evangelio de Lucas, autor de la gran metáfora cristiana y *hace que sea un gran acierto teológico de la piedad cristiana llamar "la Virgen" a la Madre de Jesús*.

MADRE DE DIOS

La fórmula *Madre de Dios*, ampliamente popularizada tanto en escritos oficiales como en la piedad popular, es extremadamente compleja. La prueba es que hubiese sido inconcebible su utilización en la etapa apostólica y que un considerable número de bautizados semiadoctrinados hacen maliciosamente preguntas como ésta: *Si María parió a Dios, ¿cómo decimos que Dios creó el mundo, que es anterior a María? Si María es Madre de Dios, ¿cómo puede ser criatura de Dios?* [96] Y así podíamos seguir formulando objeciones escuchadas durante una larga experiencia pastoral de labios de gente bastante sencilla, objeciones que sólo desde las alambicadas explicaciones teológicas podemos afirmar que manifiesten ignorancia en el objetor.

Sin embargo, esta fórmula se introduce en la literatura patrística allá por los siglos III-IV, sin que se conozca su autor. La hallamos por vez primera en Hipólito (+235) y la usan Orígenes (+254), y Alejandro de Alejandría (328). Algunos piensan que la primera oración a María que se conserva, *Bajo el amparo*,[97] es la que emplea por vez primera esta expresión. Reza así:

> *Bajo el amparo de tu misericordia, nos refugiamos, Santa Madre de Dios; no desprecies nuestras súplicas en las necesidades, sino líbranos siempre de todo peligro, Virgen gloriosa y bendita.*

Precisamente desde Alejandría se extendió la fórmula *Madre de Dios* hasta entrar en la liturgia allá por el s. V. También la utilizan Basilio (+379) y su hermano Gregorio de Nisa (+395). Éste último, mucho antes del Concilio de Éfeso, ya pensaba que esta expresión era la prueba más inequívoca de la ortodoxia.

En efecto, fue posible decir *Madre de Dios* fundamentalmente por el cariz que tomaron las discusiones cristológicas a través de los primeros siglos. Una cultura retórica, empeñada en afinar el lenguaje para adecuarlo con toda precisión al misterio de Dios revelado en Jesús, saca de sus contextos figurativos las palabras del Nuevo Testamento para traducirlas a un imposible lenguaje filosófico. Unas pequeñas muestras: ¿con qué propiedad pueden trasladarse a Dios conceptos de la criatura como *naturaleza, substancia, generación, esencia, persona...*? Y, sobre todo, ¿con qué provecho de unos fieles cristianos llamados por el Padre a ser una humanidad nueva en Jesús? ¿Era voluntad salvífica del Padre que se vieran sometidos a admitir fórmulas tan difícilmente comprensibles en el pueblo llano?

¿Es lícito proponer como dogmático el lenguaje sobre Dios, necesariamente convencional y metafórico? ¿Se podían defender cosas relativas a la salvación que Dios nos ofrece con el odio y la violencia con que se defendieron?

Desde este camino, si no se tenía cuidado con las palabras, o se caía en el nestorianismo, afirmando que en Jesucristo había dos personas, para salvaguardar la duplicidad de naturalezas (humana y divina), o se caía en el monofisismo, reconociendo en él una sola naturaleza para salvaguardar la unidad de su persona. La ortodoxia quedaba entre ambas posiciones, como practicando un dificilísimo funambulismo. Vamos a asistir a la controversia más de cerca, citando unas páginas de *Historia nuestra, memoria nuestra*:[98]

> *«Se desarrollaron dos corrientes teológicas en competencia, que ya, de algún modo, existían: la antioquena, apoyada por Occidente y Roma, y la de Alejandría, con más pujanza en Oriente. Ambas con prestigiosos pensadores.*
>
> *La escuela de Antioquía acentuó la realidad humana de Jesús. El gran maestro antioqueno fue Diodoro de Tarso, que contó entre sus discípulos con Juan Crisóstomo y Teodoro de*

Mopsuestia. Estos grandes teólogos fueron también grandes predicadores que no hablaban de Jesús por curiosidad especulativa, sino para transmitir un mensaje de salvación. El Logos -viene a decir Teodoro- ha tomado para sí al hombre Jesús, en el que habita. Se produce una profunda unión, de modo que el Logos y su naturaleza humana son un mismo personaje. Los vocablos que empleó no tienen el mismo sentido que después adquirirá, cuando, en Calcedonia, se conviertan en términos técnicos.

La escuela de Alejandría pone su fuerza en la unidad de Jesucristo, débilmente subrayada por los antioquenos, según ellos: "No es que el hombre se hiciera Dios - dice Atanasio-, sino que Dios se hace hombre". Los mayores teólogos de esta escuela son los llamados Padres Capadocios: Basilio, su hermano Gregorio Niseno y Gregorio Nacianceno. Es sobre todo el Niseno uno de los grandes pensadores del mundo cristiano. Lo importante para ellos es que el Logos, verdadero Dios, ha vivido una vida humana; después intentarán dar explicación a otro problema, que consideran secundario: cómo se compagina el Logos con sus propiedades y destino humanos.

Estando así las cosas, Nestorio, de formación antioquena, ocupó la sede de Constantinopla. Encontró allí una polémica que, en gran parte, no dejaba de ser un enfrentamiento entre alejandrinos y antioquenos. Las propuestas de ambos bandos podrían haberse entendido correctamente en un primer momento, pero no hubo diálogo, sino cerrada y durísima discusión, y esto debido a dos causas: la repercusión popular y la funesta intervención de Cirilo, obispo de Alejandría. En efecto, la disputa llegó al pueblo sencillo como una cuestión que afectaba profundamente a sus sentimientos religiosos. Hacía tiempo que, como hemos visto, se llamaba a María Madre de Dios en la predicación y en la liturgia, y esta expresión se utilizaba en la iconografía, de reciente uso en la piedad; aunque no fuese excesivamente afortunada, podía ser entendida correctamente y, de hecho, no sólo alejandrinos, sino aun antioquenos, la habían empleado. Nestorio intentó generalizar un término en realidad más apropiado, Madre de Cristo, por otra parte de más larga tradición, y esto motivó pintadas en la catedral, contestaciones a sus homilías y una viva discusión de dos obispos en medio de un acto de culto.

La intervención de Cirilo no fue nada oportuna. Cirilo era un hombre inepto e integrista. Existe una importante co-

rrespondencia entre Cirilo y Nestorio, en la que no todas las afirmaciones de Cirilo pueden llamarse ortodoxas, sobre todo desde una mentalidad antioquena. El caso es que Nestorio, apretado, acabó afirmando dos sujetos en Jesús; Dios se apropiaría de la personalidad de Jesús igual que un actor de la del personaje que interpreta. Intervino Celestino de Roma, informado por Cirilo y por Nestorio. Y el obispo de Roma dio a Cirilo el encargo de ser él quien se dirigiese a su contrincante, obligándole a hacer retractación de sus errores. Cirilo fue más allá y confeccionó a su aire doce puntos con lo más conflictivo de su propia ideología.

Ahora son los antioquenos los que se pican. Encargan a Tedoreto de Ciro que refute los doce puntos de Cirilo. El emperador Teodosio II invita a un concilio en Éfeso. Celestino de Roma ve en Cirilo su hombre de confianza, y nuevamente el Alejandrino volvió a abusar de ella. Faltaban los legados romanos y los obispos sirios, que habían anunciado su llegada, y el 22 de Junio del 431 hizo por su cuenta la apertura, contra la protesta de 68 obispos y del representante imperial. Los 150 obispos que habían decidido reunirse hicieron propia la carta segunda de Cirilo y condenaron ignominiosamente a Nestorio, llamándole nuevo Judas y otros calificativos semejantes. Llegaron los obispos sirios. Un contraconcilio depuso a Cirilo y al obispo de Éfeso e informó al emperador, al clero y al pueblo de Constantinopla. La mayoría de los obispos volvió a reunirse en julio, al llegar los legados de Celestino. Confiados éstos en Cirilo, refrendaron la condenación de Nestorio y, en un despliegue de falta de diálogo, excomulgaron a los obispos sirios, que querían aguardar a la llegada de los legados imperiales. Se prohibió también todo intento de modificar el símbolo niceno. Esta cerrazón impidió que se escuchara la inteligente formulación de fe que, a la desesperada, envió al emperador Juan de Antioquía. Esta fórmula iba a ser precisamente la base de Calcedonia. Desterrado Nestorio, acabó en el desierto de Libia. También hubo prisión y fuga de Cirilo, que, al volver, sobornó a las personalidades más importantes de la diócesis alejandrina. Dos años más tarde, Cirilo, amansado su fanatismo, reconocerá como magnífico el documento que le enviará Juan de Antioquía. Nestorio, por su parte, escribió desde el destierro que su fe coincidía con la de una carta del papa León, que había llegado a sus manos recientemente. Estaba más sereno. ¡Toda esta situación de pecado para sacar a luz que el que nació de María era uno y el mismo: no se transforma el Logos en hombre; Dios sigue siendo Dios y el hombre, hombre, pero, dado que se trata del mismo sujeto, al Logos puede llamársele hombre con la misma propiedad que al hombre puede llamársele Dios!"

Si hubiesen apretado contra las redes a Cirilo de Alejandría como se hizo con Nestorio de Constantinopla a partir de Éfeso, hubiesen sacado de él otro hereje por la banda contraria. De hecho, el sucesor de Cirilo, Dióscoro, y el famoso Eutiques, fanático monje que gozó del favor de la Emperatriz, se declararon abiertamente monofisitas.

En lo que afecta a María, la fórmula *Madre de Dios* se convirtió en el más genuino catalizador de la ortodoxia. La argumentación era la siguiente: como confluyen las dos naturalezas, humana y divina, en una sola persona, en esa persona se comunican el lenguaje sobre Dios y el lenguaje sobre el hombre (*communicatio idiomatum*), de modo que es válido decir del hombre Jesús cuanto diríamos de Jesús como Dios y viceversa. Los que argumentaban así, encontraron por tanto en la fórmula *Madre de Dios* un ejemplo muy gráfico de la unicidad personal de Jesucristo; más aún por ser patrimonio de la piedad popular.

Sin negar que éste es *un punto de vista lingüístico válido*, hemos de relativizarlo como tal punto de vista, que no excluye otros, puesto que el lenguaje es comunicación y ha de evitarse en él lo que se preste a confusión, y ciertamente se presta a confusión, al menos de la gente más sencilla. Un ejemplo puede aclarar lo que intentamos decir: si Felipe es panadero y a su vez electricista, puedo decir con toda corrección: -*Felipe hace un pan magnífico*, y también: -*Voy a llamar a Felipe para que monte la instalación eléctrica de mi oficina*. Pero si digo: -*El electricista hace un pan magnífico*, o bien: -*El panadero va a montarme la instalación eléctrica de la oficina*, estoy en lo cierto, pero convierto el lenguaje de la comunicación en lenguaje de enigma. Es válido, pero no evidente; tengo que hacer un juego mental, que sólo es aceptable en una conversación seria si utilizamos el término por el que todo el mundo conoce al tal Felipe. Y tengamos en cuenta que tanto *panadero* como *electricista* son dos oficios de Felipe, lo que hace más viable la *communicatio idiomatum*. En el caso de Jesucristo, si decimos que es *Dios y hombre verdadero*, ni el término *Dios* ni el término *hombre* son oficios de Jesús, sino dos realidades tan distintas como que una es la realidad del Increado y otra, la de la criatura.

El alcance del dogma, por tanto, no puede ser otro que éste: *si adoptamos este punto de vista lingüístico, tenemos que confesar que María es Madre de Dios*. De hecho, la *communicatio idiomatum* ha sido empleada frecuentemente en merma de la humanidad de Jesús, algo así como si el Logos fuera el que animara al organismo de Jesús asumiendo todas las facultades que llamamos espirituales; en el lenguaje de sus coetáneos se formula así: el Logos se unió a un cuerpo humano de tal modo que ejercía las funciones del alma. De este error participó entre otros autores el célebre Arrio, aunque no fuese este punto de su doctrina, el más serio por cierto, el que llamase la atención de los padres conciliares.

El título *Madre de Dios*, como ya apuntamos, se había generalizado, sobre todo a partir de la iconografía, cuyos autores eran frecuentemente monjes, cercanos a una mentalidad monofisita, y con la pintura de estas tablas se ganaban la vida. En un pueblo ya casi masivamente cristianizado, pero poco evangelizado y que no había dejado de tener prácticas supersticiosas y paganas, que ahora disponían de nueva nomenclatura cristiana, nos debemos preguntar qué significado tendría un título así, más aún, defendido con motines y violencia. Curiosamente fue también en Éfeso donde tuvieron lugar los violentos incidentes contra Pablo por causa del culto a su Patrona, la diosa Diana, y no fue pequeña la contribución de los plateros al motín, ya que vivían de los exvotos y recuerdos devocionales vendidos, sobre todo a los turistas: Como después muchos monjes cristianos.

Es más, de la fórmula *Madre de Dios* a la de *Diosa Madre* va poca distancia en la apreciación popular. Queremos apuntar aquí que gran parte de la desviación que ha sufrido la devoción a María es debida a un malentendido de la expresión que comentamos. No negamos en modo alguno validez *teórica* de la expresión *Madre de Dios*, sino la conveniencia práctica de su empleo, porque supone un lenguaje enigmático, no esclarecedor, que escandaliza a quienes no están al tanto de las filigranas lingüísticas en las que se apoya, que en la práctica se presta a una especie de divinización de María muy ajena al propósito de los que primeramente lo emplearon y que en modo alguno ayuda a un diálogo interreligioso.

Pero ¿qué necesidad de jugar peligrosamente con los conceptos cuando ser *Madre de Jesús* es ya algo que excede cuanto podemos decir? ¿Qué mayor timbre de gloria que aquello que nos recuerda Karl Rahner: que *el acaecer escatológico que significa la redención del mundo se realizó en María: en su carne y por su fe?* [99]

BREVE HISTORIA DE UN DOGMA [100]

El 8 de diciembre de 1854 publicó Pío IX la bula *Ineffabilis Deus* donde declara y proclama como dogma de fe cristiana que

> *la Virgen María fue preservada inmune de toda mancha de la culpa original en el primer instante de su concepción, por singular gracia y privilegio de Dios omnipotente, en atención a los méritos de Jesucristo.*

Dieciséis años después, en un concilio repleto de presiones y censuras, el Vaticano I [101], uno de los más oscuros de la historia, se proclama el magisterio infalible del Romano Pontífice. Este papa, de muy ambiguas connotaciones, había cerrado las puertas de la Iglesia a todos los aires de la modernidad. El Índice se encargó de ocultar en su armario bajo llave las obras de todos los filósofos, intelectuales, artistas y hombres de espíritu y del cambio social más representativos de nuestro tiempo. Y la Iglesia quedaba aislada y ñoña, cargada de prohibiciones e intentando conservar un poder monárquico absolutista cuando esos esquemas de poder del viejo mundo estaban ya obsoletos o tambaleándose. Ciertamente, el pontificado de Pío Nono representa uno de los momentos más poco evangélicos de la historia de la Iglesia.

En cuanto al dogma que nos ocupa, aunque en la Escritura y en la tradición primera no podemos encontrar afirmaciones de esta índole, a través de un largo proceso, se había ido generalizando esta creencia en la piedad cristiana y en la predicación. Quizás la contraposición María-Eva, que inaugura el mártir Justino (+165-166) es el antecedente más antiguo de esta creencia:

> *Porque Eva, siendo aún virgen e incorrupta, al concebir la palabra que le dijo la serpiente, parió la desobediencia y la*

muerte; mas la virgen María concibió fe y alegría cuando el ángel Gabriel le dio la buena noticia de que el Espíritu del Señor vendría sobre ella y le daría sombra la fuerza del más Alto, por lo que lo santo nacido en ella sería Hijo de Dios; a lo que respondió ella: "Hágase en mí según tu palabra".[102]

Traemos a este respecto la referencia de Tertuliano (+220?), que se explica de modo semejante:

> *Dios recuperó, con celoso esfuerzo, su imagen y semejanza, que era presa del diablo. Pues en Eva, aún virgen, entró la palabra que edificó la muerte del mismo modo había que introducir en la Virgen el Verbo de Dios que edifica la vida. Para que lo que se perdió por el sexo femenino, por el mismo se salvase. Eva creyó a la serpiente, María a Gabriel. De este modo, el pecado que aquélla cometió creyendo ésta lo borró creyendo.*[103]

No podemos afirmar que sean esclarecedores ni siquiera el testimonio de Ambrosio, el primer escritor latino que se acerca más al tema. Por una parte, habla de Jesucristo como el único que no tuvo que ver con el pecado: *Todos están bajo el pecado, todos se hallan sometidos a la caída de Adán. Sólo es elegido Redentor el que no puede ser reo del pecado antiguo*;[104] pero afirma por otra parte: *Ni es de admirar que habiendo de redimir el Señor al mundo comenzase su obra por María, para que fuese la primera en recibir, como prenda de amor, el fruto de la salvación, aquella por cuyo medio se preparaba a todos la salvación.*[105] Lo que sucede es que no especifica cómo fue la primera en recibir ese fruto de la salvación. También es de él esta súplica: *Ven, pues, y busca tu oveja, no por medio de siervos o mercenarios, sino por ti mismo. Recíbeme con esta carne que cayó en Adán. Recíbeme, no de Sara, sino de María, para que sea virgen incorrupta, pero virgen por gracia, limpia de toda mancha de pecado.*[106] No cabe duda que son unos textos que expresan una gran veneración: son el preámbulo de los testimonios posteriores, pero sería anacrónico leerlos a la luz de éstos.

Aunque podemos encontrar en los poemas de Efrén el Sirio, en Ambrosio de Milán, Hilario de Poitiers, Agustín, Germán de Constantinopla, Beda el Venerable e incluso Juan Damasceno altísimas alabanzas a la inocencia de María, en ninguno de ellos hay una sola alusión a su inmaculada concepción, a no ser que leamos los textos desde posteriores apreciaciones.

Tomamos las citas más importantes de dos de los autores anteriormente citados: Efrén y Agustín. Efrén, tan conocido devoto de María, en sus poemas, canta así a Jesucristo:

> *Tan sólo Tú, Señor, junto a tu Madre*
> *sobre todas las cosas sois hermosos,*
> *porque no existe en ti mancha ninguna*
> *ni en tu Madre se puede hallar defecto.*
> *De estas dos hermosuras, me pregunto,*
> *¿con cuál podremos comparar mis hijos?* [107]

En otra parte escribe: *Absolutamente inocentes, absolutamente simples eran las dos, María y Eva, en todo semejantes, pero después una fue la causa de la salud y la otra de la muerte.*[108] Observemos el empleo del tema recurrente anteriormente apuntado: *María-Eva.*

Especialmente interesante es el texto de Agustín, porque es aquí un modelo de razonamiento cristiano equilibrado. El respeto a Jesús le mueve a no cuestionarse en modo alguno sobre el pecado en la persona de su Madre:

> *A excepción de la Santa Virgen María, acerca de la cual, por el respeto debido a Nuestro Señor, en el tema del pecado no quiero hacer ningún cuestionamiento, pues sabemos que a Ella le fue conferida más gracia para vencer por todos sus flancos el pecado, ya que mereció concebir y dar a luz al que nos consta que no tiene pecado alguno... a excepción, repito, de esta Virgen, si pudiésemos reunir a todos aquellos santos y santas cuando vivían sobre la tierra y preguntarles si estaban exentos de todo pecado, ¿cómo pensamos que iban a responder: como dice Pelagio, o como enseña San Juan? Decid: por excelente que haya sido su santidad, si hubiésemos podido preguntarles, ¿no hubieran respondido al unísono: si decimos que no tenemos pecado nos engañamos y la verdad está ausente de nosotros?* (1 Jo. 1, 8).[109]

Parece ser que, a mediados del s. IX, es Pascasio Radalberto, el abad de Corbie, célebre por su bárbara posición hiperrealista en las disputas sobre la eucaristía, el primero que afirma que ya en su nacimiento María no estaba sometida al pecado original, pues fue purificada en las entrañas maternales [110], con lo que supera a los que afirmaban que fue purificada antes de concebir a Jesús (entre otros, Anselmo de Canterbury [111]). Pero los primeros en hablar explícitamente de la inmaculada concepción de María fueron Eadmaro (+1124), discípulo y amigo de Anselmo de Canterbury y el monje Osberto (+1230), aunque curiosamente ninguno de los dos tuviese una influencia decisiva en la historia de este dogma.

No es nuestra intención entrar aquí en unos detalles que no nos parecen tan importantes, aunque, ciertamente, no fuesen de la misma opinión los teólogos medievales, pero ni Bernardo de Claraval ni Buenaventura ni Alejandro de Hales ni Alberto Magno ni Tomás de Aquino ni los primeros franciscanos (es la Edad de Oro de la Escolástica) admiten más inmaculada concepción que la de Cristo. Las dos grandes razones que movían a estos teólogos eran: *a)* que el pecado original se transmitía según ellos, como una contaminación de la naturaleza, por generación conyugal, y *b)* que María, como todo ser humano, había de ser redimida. *Ahora bien:* la inmaculada concepción de Cristo suponía para ellos una concepción virginal (así el varón no transmitía el pecado en su semen) y una liberación del pecado original en la Madre, que habría tenido lugar al menos en el momento de la encarnación de Cristo.

A fines del s. XIII y principios del XIV, los franciscanos Guillermo de Ware y Duns Escoto, o tal vez, según otros, Raimundo Lulio, ofrecieron el *argumento de la prerredención* (en previsión de los méritos de Cristo). La propagación de esta teoría fue muy rápida a través de las universidades y de las órdenes religiosas, a excepción de los dominicos. Hay una serie de eslóganes que, sin importar ya su autor, se hacen voz del pueblo devoto: "nunca es suficiente lo que digamos de María", "Dios quiso, podía, luego lo realizó", o aquello de Duns Escoto: "En caso de duda, hay que atribuir a María lo más elevado, si ello no se opone a la autoridad de la Iglesia o de la Escritura." Éstos y otros muchos criterios, sin preguntarse siquiera si estamos en disposición de saber qué es lo que realmente quiere Dios de sus criaturas y, en este caso, de la Madre de Jesús, movieron a excesos sin cuento, de los que todavía experimentamos por todas partes los resultados.

Más adelante, Sixto IV (en 1476) instituye la misa de la Inmaculada y su oficio, prohibiendo llamar herejes a los que defendieren esta doctrina. Trento no toca el tema directamente, pero, al hablar del pecado original (1546), especifica que no quiere incluir a María en su universalidad [112] y, al tocar el tema de la pecabilidad universal (1547), también excluye a María [113]. Pío V, por su parte, condena la proposición que negaba la inmaculada concepción de María, entre otras muchas de Bayo (1567).

En el s. XVII hay importantes decisiones papales: Alejandro VII prohibe los libros en que no se admita la inmaculada concepción de María y Alejandro VIII condena las objeciones jansenistas a esta doctrina. Una catequesis intensiva había convertido la invocación: -*¡Ave María purísima! -¡Sin pecado concebida!*, en un breve diálogo de saludo, con el que se solicitaba entrada en una casa, se pedía limosna o se comenzaba la confesión auricular. Y es este panorama, a grandes rasgos, el prólogo de la declaración dogmática de Pío IX.

EXCURSUS SOBRE EL PECADO ORIGINAL

El tema histórico anteriormente esbozado presupone el dato del pecado original. Sabido es que también este dato está considerado por la Iglesia como un dogma de fe; en este caso, la presencia explícita en la Escritura parece incuestionable. Y como el dogma no puede estar en contradicción con la intención de los textos sagrados y de la tradición auténtica, no sería honesto interpretar la Palabra de Dios a la luz de las declaraciones dogmáticas, sino interpretar éstas a través de aquélla; por eso nuestra intención primera es ver con la mayor objetividad posible el alcance de la palabra de Dios, el molde ideológico de sus formulaciones, la fuerte experiencia humana que hay detrás de los textos y la profunda dimensión religiosa de esta experiencia inspirada.

El mito de los orígenes.

El texto obligado para hablar del pecado original se encuentra, como todo el mundo sabe, en la narración yavista de los orígenes. Vemos en ella lo fundamental del esquema deuteronómico: *Mira, hoy pongo ante ti la vida, el bien, y la muerte, el mal.*[114] Es ilustrativa la cita del Eclesiástico sobre el origen del pecado:

> *No digas: « De Dios viene mi pecado»,*
> *que Él no va a realizar lo que detesta;*
> *tampoco digas: «Él me ha extraviado»,*
> *porque no necesita hombres injustos;*
> *el Señor abomina la maldad:*
> *no caen en ella los que lo respetan.*
> *Al principio el Señor creó al hombre*
> *y lo puso en poder de su albedrío:*
> *Si quieres, guardarás sus mandamientos,*
> *de ti depende tu fidelidad:*
> *fuego y agua están puestos ante ti:*
> *y puedes echar mano a lo que quieras:*
> *ante el hombre la vida está y la muerte:*
> *y sólo le darán lo que él escoja.*[115]

En efecto, así reza la advertencia divina: *El día en que comas de éste* (el fruto del árbol de la ciencia del bien y del mal), *serás reo de muerte*, que interpretan los exegetas: *cometerás una acción que merece la pena capital,*[116] para así advertir la seriedad que reviste jugar con el conocimiento práctico del mal. Por otra parte, el paraíso se describe en unos términos sapienciales, que han sido magníficamente expuestos por Schökel, siguiendo a Dubarle:

> *En el Paraíso hay un árbol de ciencia (*da'at*) y destreza (*haskil*), pero hay un animal que posee astucia (*'orma*), cualidad sapiencial que puede ser astucia perversa y sagacidad oportuna. El autor presenta a Adán como un sabio (aunque no use esta palabra), como un experto en la ciencia de los catálogos, ciencia conocida en Oriente y referida entre las maravillas de Salomón* (3 Re. 5); *si Adán no extiende su sabiduría a nombrar exactamente las plantas es por economía narrativa. La manera de imponer un nombre a su mujer es digna de un sabio diestro en proverbios. La astucia*

de la serpiente sólo alcanza a la mujer inexperta; para vencer a Adán hace falta otro elemento, el amor, como en el caso del sabio Salomón. En la minúscula disertación sobre los cuatro ríos el gusto sapiencial es evidente. También son curiosas las correspondencias o coincidencias que se encuentran entre Gen. 2-3 y Prov. 31, 12-31. Finalmente hay que notar que los dos capítulos del Génesis, prácticamente ignorados por la tradición profética, han sido recogidos y comentados por los sapienciales.[117]

Teniendo en cuenta que no es la pretensión del yavista narrarnos una historia siniestra, sino algo que se encuadra en un esquema de *historia salvífica*, la descripción del paraíso es de capital importancia. Traducido el lenguaje del yavista a un discurso abstracto, viene a decir más o menos: "el plan de Dios es una humanidad feliz que desarrolle las potencialidades de aquél que fue creado a su imagen; no es un plan "impuesto", sino "propuesto" a su criatura, libre y responsable; pero la experiencia nos enseña que el ser humano, abandonado al mal uso de su libertad, escogió desde que guardamos memoria el camino del mal y, por tanto, de la muerte." Pero el yavista no hace discursos abstractos, sino que formula sus asertos fabulando. Esto que decimos tiene capital importancia, porque *lo que se cuenta como un mito del pasado es una invitación para el porvenir*, es decir, a realizar el hombre el plan divino desde la libertad con que le ha dotado.

Los profetas ponen frecuentemente ante los ojos un paraíso futuro, donde *de las espadas se forjarán arados y de las lanzas, podaderas;* [118] donde *irán juntos el lobo y el cordero, la pantera se tumbará junto al cabrito, el novillo y el león engordarán juntos y un niño pequeño es su pastor, la vaca pastará con el oso, sus crías se acostarán juntas, comerá el león paja como el buey, y la criatura meterá su manita en la hura del áspid...*[119] *El desierto y el yermo se regocijarán; el páramo florecerá de alegría, como flor de narciso florecerá...*[120] *Se despegarán los ojos del ciego, los oídos del sordo se abrirán, saltará como un ciervo el cojo, la lengua del mudo cantará, porque ha brotado agua del desierto, torrentes en la estepa...*[121] Es decir, que los profetas hablan a menudo del plan de Dios como algo que ha de realizarse.

El yavista tiene ante sus ojos una lamentable visión del mundo y no se resigna a creer que haya sido creado por Dios para eso. ¿O es que puede uno conformarse con los holocaustos raciales, las guerras siempre injustificadas e injustas, el crimen organizado, el hambre programada, la venta de armas, la situación de los más débiles...? El yavista se siente cuestionado por la mujer sojuzgada, agobiada de maternidades irresponsables, perdiendo su dignidad detrás del varón que la humilla; por el trabajo de la mayoría de los hombres que, en vez de ser a imagen de Dios en su creatividad y libertad, es un esfuerzo animal y humillante, que casi no basta para el mendrugo que han de llevarse a la boca cada día; por la muerte que casi nunca es el fruto de una maduración personal, sino provocada por la violencia o rodeada de ella en formas que van desde la soledad y el desamor hasta la agresión física, individual o colectiva; por la falta de armonía entre la naturaleza y el hombre, el más violento de todos los animales de la tierra...

A este desorden no está llamada la humanidad. El mundo donde Dios colocó al hombre está llamado a ser el Paraíso, donde el trabajo sea la aportación humana al embellecimiento y felicidad del entorno, donde hombre y mujer, en definitiva la pareja, sean una sola carne, en la que una parte no domine a la otra, donde la muerte no llegue nunca como el hachazo de un hermano a quien estorba la vida del otro, y concluye: esto es una realidad pervertida, es el fruto de la desobediencia a Dios, que nos llama al camino del bien, donde está la vida. El castigo del hombre se lo labra él mismo; pero ¿es que tenemos que ser necesariamente así? La cadena de pecados míticos de los orígenes, no quiere presentar otra cosa que una multitud de caminos equivocados, que desembocan en una nueva llamada de Dios, llamada que al fin se concreta en la de Abraham, porque se pretende poner una referencia de esperanza en un mundo que carece de ella.

Pablo acude al mito de los orígenes

De la mano de Pablo volvemos a entrar en el Génesis. En efecto, sin la cita de Romanos, 5, 12-21 difícilmente hubiésemos hablado *así* del *pecado original*. El verso decisivo es este, considerado anacoluto por muchos [122]: *Pues bien:, igual que por un solo hombre entró en el mundo el pecado y por el pecado la muerte, así también la muerte alcanzó a todos los hombres, ya que todos pecaron* [123].

Ni en esta cita ni en todo el contexto se habla de la unidad biológica con Adán, aunque los hombres de su tiempo culturalmente se vean abocados a creerlo así, sino de una causa, de una responsabilidad moral frente a todo el género humano, ya que su antagonista es Jesucristo, con el que no formamos una unidad biológica, sino que él es la causa de nuestra salvación. De todos modos, la comprensión que Pablo tuviese del mito de los orígenes del pecado, común a la del mundo judío de su tiempo, no es la esencia de su enseñanza; es su presupuesto cultural para hablar de la Humanidad Nueva, que es el verdadero argumento. Esta célebre frase, para algunos inconclusa, de la Carta a los Romanos tiene tres miembros y su sentido es el siguiente:

1. Por un hombre, el primero, Adán, entró el pecado. Es decir, que ya desde el principio el hombre eligió el mal. Hemos de notar que en la narración sacerdotal dice Dios: *Queremos hacer hombres* [124] y después dice: *y Dios creó hombres* [125], pues toda la Creación hace referencia *a las especies*. Pero en el relato yavista se emplea *ha´adam* de un modo ambiguo: como se trata de narrar una historia, el protagonista está personalizado como el varón, pero se juega a veces con la posibilidad de interpretación genérica de hombre. Por el pecado entró la muerte.

2. Pablo debía tener ante sus ojos aquello del libro de la Sabiduría: *Dios creó al hombre para la inmortalidad y lo hizo imagen de su propio ser, pero la muerte entró en el mundo por envidia del diablo y los de su partido pa-sarán por ella.*[126] Pero, según la visión de Pablo, la muerte que afecta a toda la humanidad es *consecuencia del pecado del mundo.* No puede referirse sin más a la muerte física, pues dice más adelante: *Para que igual que el pecado estableció su reino en la muerte, también así la gracia estableciese su reinado a través de una justificación para vida eterna, por Jesucristo, el Señor nuestro.*[127] Como vemos, opone la muerte del pecado a la vida eterna del regalo de Dios. Esta oposición que se sigue manteniendo en todo este contexto paulino nos lleva a una reflexión importante: Si Jesús-justificación-vida se opone a Adán-pecado-muerte, no puede referirse a la muerte física, puesto que Jesús no la destruye, sino que, pasando por ella, la supera.
La muerte alcanzó a todos porque el pecado se generalizó. Abrir el portillo a esa fuerza irresistible significa una gran responsabilidad, porque el pecado se hace un ámbito del que no se sale sin la fuerza divina. La expresión *el pecado del mundo* significa muchísimo mejor estas ideas. La humanidad entera toma así, el camino de la muerte, es decir, de la vida sin Dios (y por tanto sin sentido), porque peca.

Aún habrá que insistir en la tercera parte del pasaje que comentamos.

3. Decíamos en la nota que la incorrecta traducción latina de la Vulgata ha tenido repercusiones teológicas, y, en efecto, de envergadura. El original griego puede tener dos versiones, y sólo dos, significativamente distintas: *debido a esto* (a este hecho), *todos pecaron*, o también: *debido a éste* (a Adán), *todos pecaron*. En ambos casos, se habla de una causa y, en el fondo, ambas vienen a significar *algo más*: el sentido del mito, que, literalmente habla de la muerte física, es la vida sin la amistad de Dios. Esa funesta entrada descrita es

valiéndonos de una comparación, como si alguien derribara la puerta de un banco, con lo que facilita la entrada a los ladrones. Se trata, por tanto del *pecado personal, motivado por Adán, no heredado de él pasivamente*. Por eso, los Padres griegos, que nunca abandonaron la versión original, tienen una interpretación distinta a los latinos, que, desde Agustín, la han leído incorrectamente.

Así se expresa Herbert Haag, con quien coincidimos en estas reflexiones:

> *Si el dominio del pecado y de la muerte no podía ser eficaz en el individuo sin su decisión personal, tampoco podía serlo el dominio de la gracia. Sólo los que reciben (λαμβάνοντες en el sentido de aceptar) la riqueza abundante de la gracia y el don de la justicia, reinarán en la vida por uno solo, por Jesucristo.* [128]

No podemos concebir el pecado original como un pecado pasivo, es decir, como algo simplemente recibido, porque el verbo *pecar* en la Biblia, sobre todo en Pablo, *no tiene nunca un sentido pasivo*. Y a eso se vieron abocados los Padres latinos al disponer de esta traducción: *en él todos pecaron*. Es más: la Biblia que manejaba Agustín de Hipona no debía contener la palabra *muerte* en el tercer miembro, por lo que tradujo así: *Por tanto, como por un solo hombre entró el pecado en el mundo y por el pecado la muerte, y así (el pecado) alcanzó a todos los hombres, en él (en el pecado de Adán) todos pecaron*... Agustín en su ardorosa lucha contra Pelagio, veía el pecado original por todas partes hasta extremos heréticos (la condenación de los niños muertos sin bautismo es una calumnia a la bondad del Padre). Él configuró el texto paulino a sus teorías, alegando que ésa era la fe en la que él había crecido. Más tarde, debido a su influencia, pasó a la enseñanza catequética como algo que era necesario creer. De ahí a su teoría de la transmisión del pecado por generación, como algo que se lleva de padres a hijos en los genes, sólo hay un paso.

Pero no debemos leer a Pablo fuera del contexto de su propia teología, dentro de la cual ni siquiera es éste el pasaje que más riqueza nos aporta acerca de la salvación de Dios que nos ha venido en Jesucristo. Reducir el *pecado del mundo* al concepto de *pecado original* es empobrecer la teología, porque el concepto *pecado original* está lleno de connotaciones con muchos equívocos y de problemas añadidos sobre estos equívocos, que absurdamente vienen a afectar a temas científicos (mono o poligenismo, el estado paradisíaco primitivo, los dones preternaturales...) y que, además, difícilmente permite el necesario salto del mito a la realidad.

Tampoco podemos decir que la teología paulina sea la más rica en este punto. Haríamos grave ofensa a las aportaciones de Juan (el pecado del mundo, el nuevo nacimiento), a toda la teología del Hijo del Hombre que recorre los evangelios desde el mismo Marcos, a la teología de las desdemonizaciones, que también Marcos inaugura, a la visión del mundo viejo y de la nueva creación que nos ofrecen las visiones del Apocalipsis, incluso a otras formulaciones paulinas que se recogen incluso en Romanos, como la Creación en dolores de parto y el hombre nuevo y el viejo.

Los mitos son normalmente verdades universales explicadas mediante historias inventadas con tal arte que sus afirmaciones esenciales se cumplen siempre. La historia entera del Paraíso está llena de esas importantes verdades: el hombre como ser sacado de la materia terrena a la que vuelve un día; la mujer, sacada del costado del hombre; la pareja humana, tan fuertemente ligada por el amor que por ella se abandonan al padre y a la madre, forman una sola carne y son capaces de cualquier locura por amor (que le pregunten a Adán); la tentación que se cuela como una serpiente silenciosa; la curiosidad y atracción fatal que ejerce el mal; el paraíso perdido de la inocencia... y, sobre todo, el pecado original de Adán como tipo del pecado original de cada hombre, con lo que la sociedad se ha vuelto una red tan endiabladamente complicada que el ser humano no es capaz de deshacerla para zafarse de esta situación de muerte. Pero, sobre todo, y esto es lo verdaderamente importante y olvidado con frecuencia, el sentido profundo de este mito está enraizado con el tema de la esperanza. La injusticia del mundo no la ha hecho Dios. Es obra del hombre que utiliza equivocadamente su libertad. El plan de Dios es el Paraíso; por tanto, como decíamos anteriormente, el Paraíso, que es *aparentemente pasado absoluto* de la humanidad, apunta más bien a su *futuro absoluto*, al objeto de la esperanza.

Volvamos a Pablo. Su antropología, que se mueve en el trinomio *cuerpo, alma y espíritu*, utiliza no obstante algunas veces dos tipos de binomio: *espíritu-cuerpo*, por un lado, y *espíritu-carne*, por el otro. Hace un empleo muy elemental del *binomio espíritu-cuerpo* para expresar la totalidad humana. Y lo que resulta más característico en el uso paulino de este binomio es lo que nos brinda en sus dos grandes cartas temáticas: Romanos y Gálatas. "Espíritu" es la parte superior del hombre, donde tenemos *espíritu procedente de Dios*, es decir, donde se realiza la obra del Espíritu Santo. El otro polo es el "cuerpo", que no tiene connotaciones negativas (a no ser en Rom. 8, 13, cuya lectura es dudosa, ya que algunos códices leen *carne*). Cuando se mueve en este binomio, *cuerpo* es algo parecido a *carne* en Juan: la condición humana total, sujeta a la debilidad.

Por el contrario, *carne en Pablo* tiene connotaciones negativas, es el instinto puro y duro, que encierra al hombre en la egolatría, algo que no cuenta con Dios ni con los hermanos, algo que el hombre debe por tanto vencer, porque se le pone como alternativa: *o vivir según la carne o vivir según el espíritu*. Y aquí tenemos el segundo binomio utilizado por él. Pablo hace una lista de las obras de la Carne y las contrapone al fruto del Espíritu. Una frase es como su broche de oro sobre el tema: *El que se dirige a hacer la siembra a su carne, de su carne cosechará corrupción, pero el que se dirige al Espíritu a hacer su siembra, del Espíritu cosechará vida eterna.*[129] En esta cita, el binomio se ha visto enriquecido con artículos, y es porque la carne se ha personalizado: es su propia condición de hombre instalado en la animalidad; y el Espíritu es ahora el Espíritu de Dios que viene a operar el cambio del hombre.

Si llamaron los filósofos al hombre *animal racional*, es verdad que esta nota parece distinguirle de los demás animales, pero ¿es positiva esta singularidad? ¿Qué uso ha hecho el hombre de su pura racionalidad? ¿Ponerla al servicio de su animalidad? Porque los instintos son algo absolutamente positivo e inocente en el mundo animal: son la riqueza de que dispone para su supervivencia. Sin embargo, cuando el hombre pone su racionalidad al servicio de sus instintos, los potencia de tal modo que el ser humano se convierte en el habitante más dañino del planeta. Debería ser el rey de la Creación y es su déspota más despiadado. En la lucha por la vida que mantiene en pie el equilibrio biológico, juega con tal ventaja que cualquier competencia con él es una caricatura de lucha.

Por eso no basta con la racionalidad. Dios ha dotado al hombre también de ese tercer elemento que es el espíritu, donde radica su poder superador de la animalidad. Y es en el espíritu donde Dios nos comunica su Aliento. Su proyecto es que el hombre ponga su racionalidad al servicio del espíritu. El hombre que dialoga respetuosamente, que comparte con alegría y generosidad, que tiene misericordia sin aguardar recompensa, que sabe perdonar de corazón, está en disposiciones de superar la animalidad, ¿pues en qué especie animal es ésta la norma de conducta?

La humanidad adánica se halla bajo el pecado, porque el pecado es la anticreación, es decir, la creación culpable de este desequilibrio caótico introducido en el cosmos de Dios. En cambio la nueva humanidad vive ya como algo presente los valores que espera como proyecto de vida y que Dios mismo designó para el hombre. Jesús es el Hombre nuevo. En él comienza la nueva humanidad y cada hombre nuevo nace en él por la fe como hijo de Dios.

Tal vez a los hombres de hoy no nos interesan tanto las cuestiones que motivaron las afirmaciones dogmáticas sobre el pecado original, pero seríamos más capaces de apreciar el argumento básico de los textos neotestamentarios que nos revelan que el pecado del mundo ha sido removido por el Siervo de Dios, Jesús, y que la fe en él, es decir, darle nuestra adhesión, nos puede hacer salir de ese cerco fatídico. Y al decir: *¡Venga a nosotros tu reino!*, tenemos ante los ojos el Paraíso que se daba por perdido.

El dogma proviene del XVI sínodo de Cartago contra los pelagianos, aprobado por Zósimo en el 418 [130]. También el sínodo II de Orange contra los semipelagianos, fue aprobado después por el papa Félix III (a. 529). Ambos pasaron a Trento, quizás pensando en Erasmo, que leyó bien el texto griego de Pablo y que conocía las sentencias de los Padres griegos [131], Su argumento central no puede estar en contradicción con el sentido de los textos sagrados: no puede ser otro que el aspecto positivo del dogma, el de *la necesidad universal de la oferta de salvación que nos brinda el Padre por Jesucristo*. El aspecto negativo es más bien fruto de una lectura defectuosa, y de las interpretaciones de Agustín a su propia versión.

LIBRE DEL PECADO DEL MUNDO

Sin la previa aclaración sobre el sentido del pecado original, difícilmente podíamos acercarnos al significado del dogma de la inmaculada concepción de María. Quizás ahora comprendamos que, no en Oriente, donde se había desarrollado una piedad mariana más acendrada, sino en Occidente, es donde tuvo cabida la historia de este dogma, ya que es también donde se tenía el concepto de pecado original más adecuado a su formulación.

Antes de entrar más a fondo, tenemos que hacer una valoración de motivaciones. Hay una especie de argumento más o menos explícito que está muchas veces presente en cualquier tema mariano y podríamos expresarlo así: *¿Qué querría cualquier buen hijo para su madre, y qué haría, si le fuese posible por ella? Ahora bien, ¿qué mejor hijo que Jesús? Y ¿qué no haría por la suya, siendo Dios?*

Este modo de discurrir es *absolutamente erróneo*, pues, como dice Pablo: *¿Conoce alguien las interioridades del hombre sino el espíritu humano que hay en él? Pues bien, ¿quién conoce lo que es propio de Dios sino el Espíritu de Dios?* [132] –y tenemos que hacer siempre un esfuerzo para percatarnos de la insuficiencia de nuestro lenguaje: lo que es propio de Dios, las interioridades de Dios... todo es lenguaje metafórico; no hay otro modo de expresarse que éste: el misterio de Dios. Con estos argumentos humanos, ¿qué explicación daríamos a la cruz del Señor?

Seguro que lo que querríamos para nuestras madres no coincide con lo que el Padre quiso para la madre de Jesús. Seguro. Nuestros razonamientos, por tanto, tienen que ir por otros caminos.

Tenemos que partir de lo que nos es dado conocer, es decir: no de Dios, sino de Jesús, verdadero hombre. Decimos que el hombre necesita ser querido para poder querer; necesita haber experimentado lo que es la protección, el desvelo y el amor de sus padres para llamar *Padre* a Dios; necesita haber sentido aprecio por su hogar para hablar gozosamente de *la casa del Padre Dios*. No nos engañemos. Ese Jesús, hombre verdadero, sujeto a las necesidades corporales y espirituales del hombre, sujeto a la tentación, ese Jesús que no sólo no estuvo nunca bajo el poder del pecado, sino que personal y paradigmáticamente lo vence, necesitó de un padre justo y, sobre todo, de una madre que no tuviese parte en el pecado. Si la formulación dogmática es tan tardía, es simplemente porque, como sujeta a la palabra humana, siempre pobre y relativa, está diseñada en un lenguaje mítico que se fue creando a base de las explicaciones de Agustín contra los pelagianos, torpemente apoyadas en Rom. 5, 12, y que no dejaba lugar a excepciones en la redención de Cristo; de ahí que si se llegaba fácilmente al consenso de la redención de María en algún momento de su vida, al menos en el instante de la encarnación del Logos, costó mucho dar el paso hasta ese primer instante de su concepción.

Sin embargo, desde los Padres griegos, incluso desde los latinos menos influidos por el juridicismo teológico (el de Tertuliano y Anselmo sobre todo), muchas de las excelencias que se dicen de María significan en sustancia *su exclusión del pecado del mundo*. Incluso cuando se recalcó tanto su pureza virginal en unos tiempos en que había comenzado a hacerse moneda corriente una desequilibrada e injusta valoración del aspecto sexuado de la persona, más allá de lo que se decía, que no era ciertamente un molde cristiano, estaba el argumento de *lo que se quería decir: la inocencia de la madre de Jesús*. En este sentido va el binomio, tradicionalmente universalizado, *María-Eva*.

No podemos confundir el concepto de *inocencia* con el de impecabilidad. Tengamos en cuenta que la mítica pareja, Adán y Eva, inocentes aún en el Paraíso del relato bíblico, estaban sujetos a la tentación, no eran impecables, ya que de hecho, en el mito, pecaron. María estaba sujeta a tentación y, como no estaba privada de libertad, pudo pecar, aunque de hecho no pecase. Es más: el pecado hay que concebirlo como algo serio, que toma parte en *el pecado del mundo*, no como un error de conducta, más o menos leve, en el que la persona no ha hecho apuesta alguna, por pequeña que sea, contra el plan de Dios. No es extraño, por eso, que haya Padres de la Iglesia que, profesando una intensa y delicada veneración a la Madre de Jesús, pongan de manifiesto algunas veces esos fallos de María, propios de todo ser humano, que refieren los evangelios; aunque la denominación de *pecado*, por leve que sea, no es ningún acierto, porque lo único que demuestran estos fallos es la condición de criatura, que va todavía de camino.

La referencia que el dogma hace a la *concepción* de María, no puede poner el acento en lo biológico, pues es una formulación de la más estricta tradición bíblica, que, como paradigma literario, expresa el designio divino sobre una persona, como vemos en estos ejemplos:

El Señor le respondió: "Dos pueblos hay en tu vientre, dos pueblos se separan en tus entrañas: un pueblo vencerá a otro y el mayor servirá al menor" [133]. *¡Escuchadme, islas; atended, pueblos lejanos! Estaba yo en el vientre y el Señor me llamó; en las entrañas maternas y pronunció mi nombre*[134]. *Antes de formarte en el vientre te escogí, antes de salir del seno materno te consagré y te nombré profeta de los paganos* [135]. *Fuiste tú quien* *me sacó del vientre, me tenías confiado a los pechos de mi madre, desde el seno me arrojaron a ti, desde el vientre materno Tú eres mi Dios* [136]. *Nada más nacer me apoyaba en ti, del vientre materno tú me sacaste: para Ti la alabanza continua*[137].

Este ingenioso procedimiento expresa *el señorío de Dios sobre la historia y su especial intervención en la vida de unos hombres que influyeron decisivamente en el devenir humano*. Es decir, está referido a hombres que se convierten en señales de la historia, como historia de la salvación.

Todo esto quiere decir que en la Iglesia ha existido, pese a las intenciones concretas en hacer tal o cual declaración dogmática, un sentido de orientación que nos conduce a la Madre de Jesús como a una criatura inocente, no enredada en *el pecado del mundo*, pese a las desviaciones de que ha sido objeto la piedad mariana, a veces rayana en la idolatría y pese a los abusos verbalistas y la prepotencia de creer que un hombre puede sondear lo que Dios quiere sobre sus santos. Y de nuevo aquí tenemos que recordar que la obra de Lucas y, sobre todo, la de Juan, al presentarnos a María como tipo del *Israel fiel que entra en la Iglesia como Madre*, vienen a significar lo mismo: ella representa *el resto inocente del que brotará la salvación (el Salvador)*.

Como vemos, el lenguaje poético y muchas veces mítico en el que se vierte la palabra de Dios es más adecuado medio de expresión que el racional, aunque se utilicen todas las sutiles lindezas de Duns Escoto. Humildemente opinamos que las formulaciones dogmáticas, al ser unas palabras en el tiempo, aunque busquen ser expresión exacta de la verdad desde el uso que hacen del lenguaje, están intentando expresar unas verdades que superan las palabras y muchas veces subrayan unos aspectos que no son los que conducen a la comunidad cristiana hacia la salvación, sino hacia las discusiones innecesarias y la disensión cismática. Si el ágape cristiano y la apertura al Espíritu hubiesen estado más presentes en nuestras asambleas, hubiésemos ido por otros caminos a buscar la unidad cuando, no era el seguimiento de Jesús, sino unas formulaciones, lo que servía para dividir a la comunidad. Tal vez hubiésemos experimentado que, superado el lenguaje, llegábamos a la misma verdad fundamental, que cada uno intentaba explicar a su modo.

ASUNTA AL CIELO

Es este el cuarto dogma de fe relacionado con María y, por cierto, el más moderno de los dogmas y, que, como un siglo antes la Inmaculada Concepción, no necesitó concilio alguno, sino la palabra del papa, en uso de la tan modernamente proclamada infalibilidad pontificia, ·para ser solemnemente declarado, definido y proclamado. Se trataba esta vez del Papa Pío XII, mediante una constitución apostólica, la *Munificentissimus Deus*, el 1 de noviembre de 1950: *Públicamente anunciamos, declaramos y definimos que es dogma revelado por Dios que la inmaculada Madre de Dios siempre virgen María, terminado el curso de su vida terrena, fue asumida a la gloria celeste en alma y cuerpo.*[138]

UNA EXPERIENCIA PERSONAL

Pemítase que, rompiendo un poco el tono objetivo que pretende conservar el libro, el autor descienda a la subjetividad de la experiencia personal, ya que de un hecho contemporáneo se trata:

Yo era por entonces un alumno de 3º de Bachillerato, interno en el colegio de San Antonio María Claret, de Don Benito (Badajoz). Quiero recordar que aquel año, el día 1 de Noviembre, cumpleaños de mi hermano Miguel, se celebró la misa de un modo muy solemne en el patio de cristales, que ocupaban alumnos, profesores y creo que alguna gente del pueblo. En la galería superior estábamos los chicos de la schola rodeando el armónium. Allí también estaba una mesita con una radio, a la que se habían conectado grandes altavoces de bocina. Un sacerdote pretendía afanosamente entretenernos, enfervorizando nuestro espíritu con su palabra durante la celebración de la misa: "Hoy tenemos todos nosotros el privilegio único de escu-

char la declaración de un dogma, cosa que sucede muy pocas veces, pues ha habido muchos papas que murieron sin declarar ningún dogma de fe". Yo pensaba que era una gran desgracia haber llegado a Papa y no haber ejercido nunca un privilegio tan interesante como ése. "Porque sólo es dogma de fe cuando el papa habla ex cáthedra. ¿Y cuando habla ex cáthedra? Cuando ejerce con toda solemnidad la infalibilidad pontificia." (Agnus Dei qui tollis peccata mundi..). "Es decir, cuando el Papa, no puede equivocarse".

Concluida la comunión del sacerdote, todos fuimos invitados a sentarnos. "El último dogma de fe declarado por un papa también fue relativo a la Santísima Virgen María, hace 96 años, es decir, casi un siglo: fue el dogma de la Inmaculada, definido por Pío Nono. Cuatro años después, el Concilio Vaticano declararía que el papa es infalible, y además la Virgen María se apareció a una pastorcita llamada Bernadette Soubirous en la gruta de Massabielle, cerca de Lourdes, varias veces y, al final, le dijo: -Yo soy la Inmaculada Concepción..., con lo que el Dogma quedaba confirmado por la mismísima Virgen María" y yo pensaba la suerte que tienen muchos pastorcitos, al tener visiones como ésta. (Benedicat vos Omnipotens Deus...) Y, terminada la misa, bajamos a comulgar. Después... "No es lo mismo Ascensión que Asunción. Se dice Ascensión en el caso de Jesucristo, que subió al cielo por su propio poder y majestad. En cambio, Asunción se dice de María, porque fue elevada por los ángeles al Cielo... Pero ¡atención, que llega el momento solemne de la definición dogmática!" Y, de rodillas, comenzamos a escuchar con fervor las firmes, rotundas palabras latinas venidas desde Roma por un milagro de la técnica..."Pronuntiamus, definimus et declaramus..." (Era una suerte haber sacado buena nota en latín, porque todo aquello no me sonaba a chino) La ceremonia se clausuró con una ovación enorme, mientras, por su cuenta, sonaban a todo registro los acordes del armónium y la campana de la capilla. Después nos explicó emocionado alguno de los religiosos cordimarianos que el Papa no había querido entrar en detalle de si murió o no murió la Virgen, porque eso ya no estaba muy claro.

Al dispersarnos, estábamos muchos fuertemente impresionados, bajo el impacto de una vibración colectiva, que el estallido de los cohetes y el repicar de todas las campanas de la ciudad hacía más intensa, y no sabría ahora distinguir qué sentimientos predominaban: si la emoción de haber sido testigo excepcional de un acontecimiento irrepetible, la satisfacción de haber contemplado en la Virgen María este privilegio elevado a la categoría de dogma de fe o la impresión de haber escuchado al Papa en pleno uso de su poder más relevante.

Tal vez esta experiencia sea parecida a la de otras personas de la misma edad en aquellos años de fervor mariano, en los que la devoción consistía en descubrir nuevos motivos de admiración.

HACIENDO UN POCO DE HISTORIA

Pío XII había enviado el 1 de mayo de 1946 una encíclica [139] a todo el episcopado recabando de cada obispo y de su pueblo la opinión sobre la definibilidad de este dogma, preguntando también si se deseaba su declaración. No quiso un escándalo como el del dogma de la infalibilidad del Romano Pontífice en el Vaticano I, proclamado con el desacuerdo de un 40% de Padres conciliares.

Precisamente se preparaba también la declaración de este dogma mariano en dicho concilio. Ante la respuesta a su encíclica, unánimemente positiva, publicó Pío XII su constitución apostólica. En la misma declaración papal se observa que la Asunción de María está considerada como una consecuencia lógica de su Inmaculada Concepción.

Este dogma plantea muchas preguntas. En primer lugar diríamos que así como lo que realmente se quiere decir desde la ortodoxia con *Madre de Dios* puede o no ser un acierto de lenguaje, pero responde a una verdad fundamental de nuestra fe, del mismo modo que lo que significamos cuando decimos *Madre Virgen* es importantísimo para la comprensión del hecho cristiano, tanto la Inmaculada Concepción de María como su Asunción no están en el eje del hecho cristiano, por lo que no debe extrañarnos que no aparezca de ningún modo en la Escritura. Esto quiere decir que debemos encuadrar ambas en la economía general de Dios respecto al hombre y ver en qué puede cifrarse el privilegio de la Madre del Mesías. En el caso de la Inmaculada Concepción vimos cómo los teólogos entendieron que su marco no era otro que el de la Redención, por lo que se resistían a admitir la fórmula, hasta que encontraron otras soluciones y pensamos que ya que el concepto de pecado original que subyace se basaba en un error de lectura de Agustín, era más importante trasladar el lenguaje a otro concepto más rico, como es *el Pecado del Mundo*. Y hay razones, precisamente por fe en la verdadera humanidad del Señor, para ver en María una criatura escogida desde el principio a estar libre del Pecado del Mundo.

En el caso de la Asunción vemos que las razones serias del dogma no pueden ser las de las lecturas piadosas y ñoñas de los apócrifos asuncionistas, sino que se plantea como una consecuencia de su exención del *Pecado Original*. Ya que se mueve en esta clave mítica, traslademos el lenguaje al correspondiente del *Pecado del Mundo*, menos afectado por ambivalencias y malentendidos.

El ser humano es llamado en Jesucristo a revestirse del hombre nuevo que ha sido *creado conforme a Dios, en justicia, santidad y verdad* [140]. Esto está en el futuro como plenitud, pero en la oración del Señor pedimos que se haga presente ya en la comunidad lo que esperamos en el futuro para la humanidad entera [141], lo cual nos empuja a ir haciendo actual el Reinado de Dios. *Somos ya hijos de Dios, pero aún no se ha puesto de manifiesto* [142] y sa-

bemos que hemos pasado de la muerte a la vida porque amamos a los hermanos.[143] Todo esto es la nueva vida, que nos hace vivir ya en la Casa del Padre.[144] A este respecto, hay una gran sintonía en los cuatro evangelios y los principales escritos del N.T. Por eso, no nos debe extrañar la palabra de Jesús al bandido que crucificaron con él: *Te aseguro que hoy estarás conmigo en el Paraíso.*[145] Ese *hoy* es muy importante. Ese hombre ha pasado de la muerte a la vida, y esa vida se le va a desvelar en toda su plenitud cuando se cierren sus ojos a la dolorosa realidad presente. Ante la esperanza farisea de una resurrección aplazada a un último día, de la que Marta hace profesión, Jesús le contesta en presente: *Yo soy la resurrección y la vida,*[146] y es porque uno de los aspectos fundamentales de la buena noticia es la escatología ya presente.

Cuando morimos, entramos en comunión con la muerte de Cristo, que ha sido absorbida en su victoria. Desde él, por tanto, la muerte es resurrección. La muerte como fenómeno universal es evidente, pero es una experiencia paulatina: nos vamos muriendo uno a uno. Al no tener la experiencia de la resurrección que atraviesa la muerte corporal, esta resurrección está pidiendo la imagen mítica de una resurrección universal, máxime, cuando necesitamos todos una explicación de la justicia. Por eso es común a tantas religiones un juicio universal y el mismo Jesús utiliza esta imagen.[147] Pero creemos que la resurrección tiene lugar en ese mismo paso que es el trago de la muerte.

Aunque no sepamos cómo nuestra identidad personal, nuestro espíritu, es revestido de una realidad que no debe hacernos perder nuestra condición de hombres.

Esa realidad no es, desde luego nuestro cadáver, referente mítico de la resurrección, ni podemos imaginar un cuerpo perfecto semejante al que tenemos, puesto que éste entra en relación con el mundo por unos sentidos, se alimenta de él por medio de unos órganos, que coordinados con otros, forman los diversos sistemas del organismo; el cuerpo humano está sujeto a todas las eventualidades que conlleva la vida y su fin es la tierra.

Tampoco es serio que resucitásemos con un cuerpo que sólo aparentemente lo fuera; sería muy infantil verlo así. Como también sería muy infantil creer en una ascensión-asunción *al cielo de los astronautas*. La tumba vacía pertenece al grupo de las grandes metáforas que muestran palpablemente aquello que de otro modo no sabríamos cómo explicar. También así la virginidad de María.

Por esta razón, la Asunción creemos que se mueve en las coordenadas de María, imagen del Resto de Israel que ha guardado fidelidad a su Dios. Es la primera biennoticiada por el Evangelio y el vientre del que surge el hombre nuevo, mujer nueva ella misma, en vistas a su Hijo. La primicia de redención que reconocemos en María no significa una primicia cronológica, pues, sin salir de los evangelios, podemos ver a Lázaro (bien entendido el pasaje) y, sobre todo al bandido que alcanzó la misericordia en la cruz. Es una primicia ontológica: ella es el Israel fiel salvado, que es anterior y aún más, madre de la humanidad nueva que comenzó en Jesús.

Los apócrifos buscaban enjoyar a la madre con todo lo que encontraban de maravilloso en su Hijo, y éste mismo es el prurito de mucha piedad sin sustancia, a veces oficial. Pero hay cosas miradas por ellos desde el ángulo de lo maravilloso que pueden y deben ser miradas desde el ángulo de lo transformador: cierto tipo de dones se contemplan en la madre de Jesús como privilegios personales, siendo así que son patrimonio de toda la nueva humanidad, aunque en María se estrenen por su condición de puerta.

En los cinco primeros siglos de la Iglesia no hay ningún autor que hable del tema que estamos tratando. Parece que una obra disparatada del s. V, el *Transitus Mariae*, es el primero que narra su muerte y asunción, y fue incluido en el *Decretum Gelasianum*, una especie de índice de libros prohibidos, en el s. VI. No obstante, fue origen de algunos otros apócrifos y no podemos negar su influencia en Gregorio de Tour (+594)[148].

Modesto de Jerusalén (+634), aunque depende en sus descripciones fantásticas de los apócrifos, hace protesta de que su doctrina de la Asunción proviene de la tradición oral. Él es el primero que da testimonio de una fiesta de la Asunción corporal de María al Cielo. Han de citarse también Andrés de Creta (+740), Germán de Constantinopla (+733) y Juan Damasceno (+749), el más prolífero en textos marianos.

Es a partir del s. X cuando se va afianzando y generalizando esta creencia y muchos teólogos la enseñan. Los textos de liturgia con un testimonio más antiguo sobre esta fiesta son el Missale Gothicum del s. VII-VIII y el Sacramentarium Gregorianum del s. VII, aunque en éste último no se especifica si es una *asunción corporal*. En el *Mariale*, obra del s. XIV, después de dar diversas razones de Escritura, Tradición y Liturgia, dice: *De estos argumentos y autoridades se deduce que la bienaventurada Virgen María, Madre de Dios fue elevada en cuerpo y alma sobre los coros de los ángeles. Y sostenemos esto como verdadero sin ningún tipo de condiciones* [149].

La acogida paulatina de esta creencia hasta generalizarse de modo universal podemos verla en la respuesta dada por el episcopado mundial a la encuesta de Pío XII. Como dice Karl Rahner: *María aparece de esta manera como la perfectamente redimida y tipo de la redención perfecta* [150].

LAS METAFORAS DE LOS PADRES Y DE LOS ARTISTAS

LAS FIGURAS BÍBLICAS

El procedimiento de tomar el Antiguo Testamento como imagen anticipada del acontecimiento cristiano es algo que han utilizado ampliamente los autores del Nuevo Testamento. Como la base cultural semítica era común, aunque se daban de hecho variantes notables, había una sintonía entre la imagen del A.T. y la realidad del Nuevo. También se daba una especie de complicidad lingüística que protegía al lenguaje poético de toda interpretación abstracta. Por otra parte, no siempre era muy acertado el uso de este procedimiento, sino que a veces era artificial y rebuscado. Un caso límite es el de una obra no incluida ya en el canon del N.T., la Carta de Bernabé, tan interesante por otra parte. Otra cosa es las interpretaciones de los Padres. En algunas ocasiones, tropiezan en este escollo: que desde una cultura helenista y romana, suenan de otro modo esas alusiones y metáforas. Ellos lucharán por una precisión lingüística o por una racionalidad y abstracción ajenas a los textos sagrados, haciéndoles perder la gracia y esa indeterminación propia de quien está tocando respetuosamente el misterio. Hasta las propias metáforas de su lenguaje poético tenderán a racionalizarlas y a hacer todo un montaje teológico-racional sobre ellas.

La primera de todas las figuras bíblicas aplicadas a María es la de *Eva*. Justino, mártir hacia el 165, es, que sepamos, el que inicia esta felicísima imagen, que después se fue repitiendo en toda la tradición de la Iglesia. Seguramente daba pie a la metáfora la Mujer del Apocalipsis, una Eva glorificada, madre de una nueva humanidad que vence a la Serpiente antigua, aquí llamada Dragón. Eva, madre del género humano; María, madre de la nueva humanidad. Después se alude a la desobediencia de una y a la obediencia de la otra, como también al tipo de mensajero a quien cada una de ellas escucha (Eva al Diablo, María al Ángel). Incluso se hace mención de la inocencia original de la que cada una parte, y resulta significativo que a esta inocencia se le llame *virginidad*. Y tenemos que reconocer que hasta este punto es todo acertado y magnífico. [151] Hasta aquí merece la pena que el binomio Eva-María entre por la puerta grande.

Sabido es que en todo el N.T. se presupone el binomio *Adán-Cristo*, que en la teología paulina aparece de un modo explícito. Es una de las imágenes de más solera en nuestra fe. Sin embargo, a partir de aquí se dirán otras cosas: ya no va a ser el binomio *Eva-María*, sino el doble binomio *Adán y Eva – Cristo y María*, hasta el punto que esto motivará nominar a María como *Madre y Esposa del Logos*.

Opinamos que este paso ha sido de unas consecuencias lamentables en la historia de la piedad y de la teología, porque ha servido para colgar de María en femenino todo lo que afirmamos en masculino de Jesús, y, si bien es verdad que todos somos miembros del Cristo total del que Jesús es la cabeza y que aquél que se hizo partícipe de nuestra suerte humana nos hace participar en su obra salvadora y en su divinidad, poner a María junto a Jesús como pareja salvadora hace perder el norte de nuestra fe en Jesús como única cabeza de la Nueva Humanidad. Y conste que con esto no estamos negando la eminencia de María.

Este doble binomio ha contribuido a convertir a María en imagen de la Iglesia, algo que tiene una larga tradición. Pero, precisamente porque decimos de María *Madre de Cristo y Madre de la Iglesia*, vemos su figuración en Eva en cuanto *madre de los vivientes*, no en cuanto *compañera de Adán*. Es, por así decirlo *la tierra de la que se modela a Adán*, según la imagen utilizada por Ireneo [152], y añadimos: *no la compañera que sale de su costilla*. Por tanto, más que a la *imagen de la Iglesia*, se adecua a la *imagen del Israel fiel* que da a luz al Salvador. Así lo interpretan Lucas y sobre todo Juan. En la cruz, como vimos, Israel es entregado como Madre a la Iglesia en la persona de María, en una escena llena de sobriedad y patetismo. La analogía de la madre de Jesús con la Iglesia parece que fue una creación de Ireneo; él, refiriéndose a los ebionitas [153] dice así: *¿Cómo podrán abandonar el nacimiento que trae la muerte si no nacen de nuevo por la fe al nacimiento nuevo, que procede de la Virgen, nacimiento dado maravillosa y sorprendentemente por Dios como signo de la salvación... El Logos se hará carne y el Hijo de Dios, Hijo del Hombre; el que es puro abrirá de un modo puro el seno que regenerará a los hombres en Dios...* Sin embargo no sacamos de aquí más que la consideración del nacimiento de Cristo como causa ejemplar del nuevo nacimiento de los creyentes. Tengamos en cuenta que él tiene esta versión de Juan 1, 13: *A los que le recibieron les capacitó para llegar a ser hijos de Dios: A los que dan adhesión a su Nombre el que no fue concebido por semen (ni por instinto de la carne ni por decisión humana), sino por Dios* [154]. Sin embargo puede dudarse con bastante fundamento de que esta lectura, que la hacen también Justino, Ireneo y Tertuliano, quiera ser una cita fiel del texto de Juan. Más bien, basados en él, aplican al Logos, lo que se dice de los creyentes, y con más razón. El camino ya estaba preparado por los prólogos de Mateo y Lucas, que dan pie al tema del nacimiento virginal, revistiendo de historia su teología. Desde luego, puede afirmarse con certeza que otros santos padres posteriores, como Ambrosio, emplean estas expresiones [155].

No es extraño que una figura femenina, ensalzada por los cristianos como madre del Salvador que es, se encuentre envuelta en comparaciones y metáforas de alabanza, unas más afortunadas que otras. Entre los personajes bíblicos aparecen comparaciones con Sara, con Rebeca, con Judit, con Ester... También se le ha exaltado con relevantes símbolos bíblicos: el Paraíso, el Arca de Noé, la Paloma de la Paz, el Arco Iris, la Escala de Jacob, la Zarza ardiente, el Arca de la Alianza, la Nube luminosa que guiaba a los hebreos por el Desierto, la Torre de David, El Trono de Salomón (Sede de la Sabiduría)... La liturgia ha aplicado también a María pasajes de los sapienciales en que la Sabiduría habla de sí misma, de Judit, del Cantar de los Cantares... Con un poco de perspicacia, puede descubrirse el porqué de todas estas citas. Todo esto es inocente y puede lograr un grado de belleza y piedad si permanecen en su lugar los sentimientos, para que éstos no nublen la razón. Racionalizar y cosificar estas cosas, convirtiendo, por ejemplo, las imágenes en profecías, es montar castillos teológicos en el aire. La suma de estos volátiles edificios no puede ser llamada nunca tradición de la fe, sino depósito de lugares comunes a falta de mayor imaginación. Si nos dejamos llevar sólo de estos sentimientos, la persona de María vendría a ocupar el vacío de la pluriforme Diosa-Madre, que no desaparece de la piedad así por las buenas después de tantos milenios de culto.

DESVIACIONES ICONOGRÁFICAS

Sobre la base de estas imágenes bíblicas se fueron edificando otras muchas, como podemos ver haciendo un recorrido por las invocaciones de la Letanía Lauretana, algunas de gran belleza; pero observemos que el mero hecho de agruparlas en una letanía, ya está desvirtuando la gracia que podría tener cada cuadro, que es convertido así en una pieza de colección.

Los incipientes iconos representaban a la Zeotocos [156] como la Reina Madre, casi como la Madre Regente, ya que su Hijo, el Rey, aún infante, está en sus brazos bajo su autoridad; y una Reina con todo ese poder y majestad del que en el Imperio Bizantino ya se tenía sobrada experiencia. La oración más célebre que se le dirige en Occidente, la Salve, tiene todas las trazas de una instancia áulica:

- El saludo,
- los títulos de la Señora,
- repetición del saludo,
- las actitudes y situación del demandante,
- la petición solicitada y
- la despedida con alabanza.

La característica fundamental de esta Reina es la misericordia y protección de cuantos se acogen a su poder, poder que consiste en su influencia ante el Todopoderoso, por lo que el devoto le suplica con alabanzas y lo refuerza con sus exvotos. Es decir, se reproducen los esquemas palaciegos, de los que no son ajenos la adulación, el soborno y las influencias. Incluso se reproduce la inaccesibilidad del Rey, para lo que entra en funciones el despacho omnipotente de la Reina Madre. ¿Cómo va a mover este tipo de piedad a una auténtica transformación en Cristo?

No nos confundamos con el fervor de las palabras. Ahí tenemos a Bernardo de Claraval, *Doctor Melifluo*, de cuya boca, efectivamente, fluía miel para hablar de la Virgen, que, según la tradición agiográfica, lo alimentó como madre dulcísima con leche de su pecho virginal, según aparece también en famosa iconografía, y que con el mismo fervor predicaba la primera cruzada contra los sarracenos o arremetía contra Pedro Abelardo. O a Cirilo de Alejandría, cuya defensa de la fórmula *Madre de Dios* se anteponía a todo esfuerzo por dialogar, comprender, ganarse con dulzura a Nestorio e incluso aprender de él lo que de positivo tenía su posición. O al mismo Pío Nono, que se empeñaba en convertir a María en la madre feliz de un hogar con las puertas cerradas a todo lo que podía significar vida y renovación.

La piedad mariana se ha ido desvinculando de la vida en un aplastante porcentaje para refugiarse en santuarios, cuya misma etimología le diferencia radicalmente de la iglesia. Los santuarios han sido tradicionalmente los lugares donde se colocaba a los ídolos para que recibiesen culto, y tienen como características: a) que la gente se concentra para suplicar la solución a unos problemas de tipo personal, con frecuencia enfermedades, b) que les rodea indefectiblemente un comercio más o menos intenso de recuerdos, exvotos, etc. y c) que la suntuosidad y grandeza del santuario y la riqueza y cantidad de sus exvotos van en proporción directa con los supuestos poderes de sus ídolos. Se registran milagros en santuarios de todas las familias religiosas. Sus ídolos suelen tener una leyenda de aparición, porque sus orígenes o han de perderse en el fondo de los tiempos o han de ser sobrenaturales.

Pues bien, los santuarios dedicados a María entraron en la dinámica del santuario pagano. María *se aparece* un número determinado de veces a alguien en el campo, ordenándole la edificación de un santuario con un tipo de culto en tal sitio, para lo cual, o se ha descubierto prodigiosamente la imagen que ha de ser venerada o se manda hacer a un imaginero con tales características. Después su imagen, que si es antigua suele ir vestida con un riquísimo *efod*, [157] y si es objeto de mucha veneración, lo cual suele equivaler a tener un considerable patrimonio, es coronada canónicamente con corona de oro y pedrería y suele recibir diversos tipos de honores, como Patrona de tal rama de las fuerzas Armadas, Patrona de un país, ciudad o región, Alcaldesa perpetua, Capitana General, Gobernadora, y tanto su santuario como su cofradía pueden ser distinguidos con diversos y pintorescos tipos de honores. A nada de esto suele poner obstáculos serios la jerarquía eclesiástica. Y no sólo no se impide, sino se busca y se fomenta.

También las procesiones de los ídolos con las cofradías encargadas de su culto han pasado directamente del paganismo al culto cristiano, especialmente de María. Hay cofradías cuyos títulos honoríficos pueden ocupar una buena parte de una página y son de índole eclesiástica, civil y militar. Y se monta toda una serie de leyendas populares en las que se remacha la eficacia absoluta de tal práctica religiosa y la desgracia en que puede incurrirse, caso de no hacerla. Porque, eso sí, desde este tipo de devoción, la mismísima Madre de Misericordia puede que entre en la dinámica de los dioses vengativos. Otras cofradías tienen cultos sentimentales, dedican algún tiempo a obras paternalistas y recaban para sí toda clase de indulgencias y bendiciones.

Emparentado con el culto de los santuarios, cofradías y procesiones está el tipo de oración a que son invitados los fieles desde esta piedad, normalmente ligada a una frecuencia y a un número: novenas, triduos, quinarios, cinco primeros sábados, rosario, corona, tres avemarías..., así como la relación con unos objetos, tales como escapularios de la Virgen del Carmen, estampitas de la

Virgen del Perpetuo Socorro para ser ingeridas a modo de comunión mariana, imagen del Corazón de María entronizada en el hogar, hábitos de tal o cual advocación, medallas, agua relacionada con un santuario... Algunos de estos tipos de prácticas también las encontró Jesús en el judaísmo y en el paganismo y nos pone en guardia para no caer en ellas. ¡Qué lejos está todo esto de las sencillas actitudes a las que Jesús nos convoca! [158] El autor de Colosenses, en sintonía con el espíritu del Evangelio libera a los cristianos de falsos cultos: *Nadie os juzgue por comida, bebida, solemnidades y asuntos de fiestas mensuales o semanales.*[159] Pero son los Padres contemporáneos de la Iglesia Imperial, en calidad de asistentes y, en muchos, casos responsables de esa situación de Cristiandad en la que se generalizó más el bautismo que el seguimiento de Jesús, los que salen al paso de novedades paganas que se comienzan a adherir al cristianismo. Citamos estos párrafos que pueden ser esclarecedores:

Desde los comienzos vemos cómo ideas, símbolos y prácticas religiosas paganas, que eran parte del acervo cultural de los bautizados, son integrados ingenuamente en su nueva fe. En la misma medida, los intelectuales integraban en su fe sus ideas filosóficas. Pero cuando este proceso llega a su cumbre es cuando los bautizos comienzan a ser «imprescindibles» en aquella sociedad (léase: «forzados»). El bagaje pagano «cristianizado» adquiere un peso tan grande, o aun mayor, que el propiamente cristiano y, con el tiempo, se forma un lastre que habría que arrojar por la borda, pero que nadie se atreve a hacerlo. Ha logrado confundirse con la fe y, en cierto modo, a sustituirla muchas veces.

Una tentación constante fue el uso de amuletos, conjuros, etc. Así lo evidencia la predicación del Crisóstomo [160], de Agustín[161], Máximo de Turín [162] etc. y la frecuente preocupación de los sínodos [163]. ¿Desaparece? No. Simplemente cambia de envoltura el mismo contenido: el signo de la cruz, los evangelios... son utilizados como amuletos, substitutivos de las vendas mágicas de los paganos. Tras las primeras resistencias de los predi-

cadores, se va silenciando el problema hasta que, de un modo que podíamos denominar oficial, se mantuvieron prácticas semejantes: fragmentación de supuestas reliquias de la vera cruz o de los restos mortales de los mártires...

En zonas rurales, se vincula el culto a ciertas fuentes, árboles, rocas... Y este tipo de religiosidad pagana, reprobada como hemos dicho por los pastores de la época, tampoco cambia más que de envoltura: he ahí el origen de muchos santuarios cristianos [164].

Hasta qué punto la actitud de muchos pastores ha cambiado lo muestran las bendiciones, indulgencias y recomendaciones que se hacen de muchas de estas prácticas, llamadas *religiosidad popular*. Y no nos engañemos, no surgen espontáneas del pueblo de Dios: son reminiscencias del paganismo, síntoma de no haber *abandonado los ídolos para ir a Dios* [165] y de que no faltan responsables del pueblo de Dios dedicados a fomentarlas y a combinar estas formas con los sacramentos cristianos y con ciertas obras benéficas, con lo que, *mejorando lo malo, se empeora la situación* [166].

Nos preguntamos: Si una encíclica papal o una carta apostólica es un documento que el Papa, con su reconocida autoridad, dirige a todo el pueblo cristiano, ¿qué podemos decir, por poner un ejemplo, de las doce encíclicas sobre el rosario publicadas por León XIII entre los años 1883-1901? Incluso, en la actualidad más reciente, ¿qué diríamos de la Carta Apostólica de Juan Pablo II, *El Rosario de la Virgen María* (2002), fruto del proclamado *Año del Rosario*? Es más: ¿Es el rosario un modo de oración propiamente cristiano?

Como se trata de la oración mariana más extendida podemos hacer un breve análisis de ella. Su origen hay que buscarlo en la recitación de los mantras hinduistas, que eran fragmentos del Veda y a los que se les atribuía un efecto mágico. La sílaba «Om» fue considerada como la fórmula seminal de los mantras. El budismo tardío utilizó su repetición pausada para lograr la paz y la iluminación. Esta repetición se suele hacer pasando lentamente las cuentas de una especie de rosario. El Islam también utilizó el mismo sistema para repetir alguna jaculatoria de alabanza a Alá o para ir enumerando como en una letanía sus sagrados nombres. Y de ahí pasó al universo cristiano, debiéndose su difusión primera a los Dominicos, pues a Domingo de Guzmán se le atribuye la reconversión de esta práctica oriental para el cristianismo.

La idea fue invitar a los fieles a tener siempre presentes los misterios de la vida de Cristo: cinco misterios gozosos, de la infancia; cinco de dolor, los de la pasión, y cinco de gloria, los de la consumación. Pero estas reflexiones van ligadas a su mantra, la repetición de diez avemarías en cada misterio, encabezadas por la oración dominical y coronadas con el gloriapatri. Si el ideal de esta oración es la contemplación de estos misterios, la recitación (alguna vez se hace consciente) es sólo una repetición verbal en la que, entre otras cosas, se pone la materialidad de la oración de Jesús al servicio de un esquema numérico y se devalúa así la invitación del Señor a orar, ya que Jesús no nos legó en definitiva una fórmula, sino un modo de orar, que ha de tener entidad por sí mismo. Por otra parte, la contemplación de los misterios del Señor se hace separada de la vida y de las preocupaciones del hombre de hoy. Se suele rezar a dos coros, intercambiando de un misterio a otro la primera y la segunda parte de cada oración. Hoy existen hasta recitaciones del rosario grabadas. Ya vemos hasta dónde puede llegar el mal gusto: hasta buscar a un compañero *virtual* para orar. Con perdón de la humorada, de ahí a *rezar el rosario con un loro*, sólo hay un paso.

No quisiéramos haber parecido irrespetuosos en lo que hemos expuesto en este capítulo. Sólo queríamos hacer constancia de que si hay cristianos que sienten como nosotros un fundado recelo por este tipo de oraciones, los pastores deberían ser más respetuosos con ellos, no haciendo publicaciones sobre estos temas para toda su grey, pues con esto reducen la universalidad de su mensaje, imponiendo a otros criterios que no pertenecen al legado evangélico y que, por tanto, no tienen derecho a imponer. La actitud de respeto que defendemos no impide a nadie rezar privadamente como le apetezca.

Del mismo modo, se deberían cuidar más de no intitular a las parroquias con nombres de supuestas revelaciones privadas o tradiciones folklóricas, como Parroquia de Ntra. Sra. de Lourdes, o de Fátima, de Loreto o del Rosario... Porque lo más que puede declarar la Iglesia oficialmente a este respecto es que no ha encontrado en ello nada contra la fe y las buenas costumbres. La parroquia ha de ser para todos los fieles y hay cristianos que tienen objeción de conciencia de pertenecer a una comunidad que se conoce con un nombre que no es objeto de su fe. Incluso habría que ser más serios a la hora de consentir que la presencia de los objetos de devoción privada aparezcan en los retablos, sobre todo en la cabecera de la iglesia, porque pervierten la catequesis de los fieles más sencillos, ya que esta catequesis es la razón de ser de imágenes, cuadros y objetos de cualquier índole en los lugares de la reunión cristiana.

LA SABIDURÍA DEL TIEMPO

Después de veinte siglos estamos en excepcionales condiciones de purificar nuestra fe. La palabra de Dios puede ser mejor conocida y deslindada de sus condicionamientos culturales. No se llamará tradición así como así a las interpretaciones de los Padres, por antiguas que sean o por su repercusión posterior, sino que, en muchos casos, se puede hoy analizar mejor que nunca el porqué de ciertas intromisiones novedosas en la liturgia, en la piedad y en la teología. De igual modo se dispone de muchos medios y de perspectiva para plantearse la intención y el alcance de los concilios, de las palabras autorizadas de los responsables de las iglesias y de aquél en quien se ha delegado una responsabilidad universal. Nada puede estar en contradicción con la novedad de la Buena Noticia de Jesús. Por tanto, esta sabiduría que sólo el tiempo da puede devolvernos una imagen nítida de la Madre de nuestro Salvador, para alegría y regocijo de todos, puesto que es uno de los tesoros más preciosos que la Iglesia tiene.

Esta mujer insignificante, de un pueblo insignificante, que perteneció al deshonroso montón de los humillados de la tierra, vivió un día la ilusión de que algún buen muchacho se fijase en ella para formar un hogar, y seguro que sintió gran alegría cuando supo que se concertaba su matrimonio con José; pero nunca hubiese sospechado que la criatura que concibió en sus entrañas antes de la boda era el gran regalo de Dios a su pueblo, no ya para colmar sus esperanzas mesiánicas, sino para encabezar una nueva humanidad, ya prefigurada en los profetas de algún modo. Mujer creyente, observó lo prescrito en la Ley con una fe sencilla, pero, sobre todo, supo hacer la lectura fundamental: la de la confianza en Aquél que *levanta a los humildes y derriba del trono a los poderosos*.

El equilibrio emocional de su Hijo Jesús, sus hábitos y actitudes fundamentales, su conocimiento de la Escritura, nos revelan una educación sin traumas y unos padres que, desde su modesta posición, supieron darle una educación exquisita. Es verdad que el hombre adulto puede superar las lagunas de la infancia, pero siempre se podrán descubrir las carencias en algún repliegue de su personalidad. El equilibrio de Jesús nos hace ver que su madre fue una mujer excepcional, que supo educar excepcionalmente a su hijo; una mujer amorosa, que le enseñó a amar; una mujer servicial, que le hizo respirar este ambiente desde pequeño.

Sin embargo, María tuvo que vivir grandes extrañezas, desde la exquisita bondad, religiosidad, finura e inteligencia que crecía en su Hijo, hasta esa indeterminación que le hizo permanecer soltero hasta los treinta años en su casa, dedicado al modesto trabajo que por herencia de los gremios había recibido de José.

Su antifanatismo incondicional, su misericordia y libertad frente a la ley, su familiaridad con el Padre Dios, no eran moneda corriente, ni se improvisan en dos días. Jesús se fue haciendo un adulto ante sus ojos como un hijo absolutamente irrepetible, del que podía estar plenamente orgullosa, aunque no llegara a comprender muchas de sus actitudes, a pesar de ser en muchos casos coronación de la siembra que ella había realizado en él. ¡Con sus hermanos era todo tan distinto! Huérfanos tal vez de algún hermano de José o de María, o hijos de otro matrimonio de José (parece muy improbable por lo que sabemos de los textos que fuesen fruto de su matrimonio con María), convivían seguramente con ellos, pero no había ni sombra de parecido.

María se alegraría lo indecible cuando Jesús salió por fin de la casa paterna para buscar la llamada de Dios.

Por él y por ella. Eso era ya una decisión y podría morir en paz viendo que su maternidad había tenido sentido. Cuando vuelve, lo encuentra mucho más delgado, pero lleva en su rostro la expresión de quien sabe al fin lo que quiere hacer en la vida, y esto es la mayor satisfacción de una buena madre. Sin embargo es a partir de ahora cuando van a comenzar sus mayores zozobras y pruebas.

Llega a sus oídos que Jesús ha reunido a doce hombres de muy diversa procedencia, entre los que hay un antiguo recaudador y algunos con fama de pendencieros. Esto es objeto de muy duras críticas. Los familiares de Nazaret sienten vergüenza y piensan que tal conducta no tiene otra explicación que la de la locura. ¡Es lástima! ¡Se le veía tan buena persona! Pero ha perdido el juicio. E intentan reducirlo. Está dejando en ridículo a toda la familia. Los dirigentes del pueblo van más allá. Es un endemoniado y el poder que tiene lo ha recibido de Belcebú. Puestos al corriente la madre y los hermanos, se acercan a hablar con él. Dejando de lado los sentimientos de los hermanos, lo que siente la madre sobre todo es un gran miedo por la vida de su hijo... Y tiene que escuchar una frase enigmática de sus propios labios. Jesús tiene ya familia. Cualquier varón se casa y *¡el casado casa quiere!*, como viene a decir de otra manera el Génesis. Pues bien, como la madre del marido no debe meterse en las relaciones del nuevo matrimonio, ella tampoco debe meterse en el proyecto de su hijo... Aunque, por otra parte, si *el que haga la voluntad de Dios, ese es mi hermano y mi hermana y mi madre*, ella está dispuesta a entrar en esa nueva familia. Y éste es ya desde ahora el sentido de su vida. Jesús, antes de morir, no la confía a sus hermanos, sino al discípulo fiel, y en calidad de Madre y, en efecto, ella, en la iglesia incipiente, no va a estar entre los familiares, sino en el grupo de las mujeres que tuvieron tan relevante papel junto a los Doce.

Su admirable fidelidad y su integración en la obra de su Hijo, mereció que la primera generación de creyentes ya le considerase como el Resto de Israel, Madre de la Nueva Humanidad y que, por tanto, como Madre, ingresa en la nueva familia de los hijos de Dios. Y así no es extraño que esa cualidad de *Madre de los hijos de la obediencia* se contrapusiese bien pronto, como *Nueva Eva*, a la vieja Eva, *madre de los hijos de la desobediencia*, y, ya que sus hijos no nacieron de Dios por la carne y sangre, a imagen de aquél que ella misma parió, tampoco es de extrañar que bien pronto se le llamase *la Virgen María* o simplemente *la Virgen*.

A partir de las discusiones trinitarias, se pretendieron afinar conceptos, vocablos y se determinó minuciosamente el alcance de las palabras. Donde este tipo de lenguaje sea tan obvio que no pervierta la rectitud de sentido, puede María ser llamada con toda razón *Madre de Dios*, haciendo valer la llamada *communicatio idiomatum*, aunque creemos que es más respetuoso no jugar con el lenguaje en cosas tan serias a no ser que todos los interlocutores sepan que hablamos en imágenes. Por eso, nos parece que uno debe ser el lenguaje de los poemas, que con toda razón dedicamos los fieles a aquélla que en el Evangelio de Lucas aparece diciendo: *Desde ahora me felicitarán todos los pueblos, porque ha hecho en mí obras grandes el que todo lo puede, cuyo nombre es Santo* [167], y otro, el lenguaje que llamamos objetivo y científico, con el que se han escrito los libros de Teología.

Digna de ser cantada es aquélla que se levanta como la referencia obligada de la humanidad de nuestro Salvador. Pero la alabanza discreta es siempre elegante, agradable de oír y desinteresada, mientras que la alabanza sobreabundante y abultada es adulación empachosa, normalmente interesada y difícil de soportar.

Uno solo es nuestro Salvador y Redentor, un solo Mediador tenemos ante el Padre. Aplicar a María como pareja lo que a Jesucristo corresponde sólo es lícito cuando consideramos que el Cuerpo del Mesías se completa en los miembros, que somos nosotros y que todos participamos del destino de la Cabeza de este Cuerpo, que es Cristo. Entre los cristianos no debe haber curiosidad por saber quién tiene más, quién tiene menos incorporación a Cristo. El mayor sólo lo es para servir más. Son otras las consideraciones que deben hacerse cuando contemplamos a la Madre del Salvador.

Con razón se considera a María libre de todo pecado, porque no se vio envuelta en esa red que llamamos el Pecado del Mundo, ni contribuyó a afianzarla y esto no es en modo alguno casual, sino que pertenece al plan de Dios. Desde la teología que forjó Agustín utilizando su peculiar versión de Pablo, esta inocencia absoluta se envuelve en el mito de los orígenes y su forma concreta es que fue *concebida sin el pecado original*. De igual modo, la redención anticipada de María (no podemos olvidar su condición de Madre de la Nueva Realidad) se presenta servida en el mito de *la Asunción*. Pero con el tiempo hemos aprendido la importancia de tener una jerarquía de verdades, como nos recuerda el Vaticano II [168]. Eso quiere decir que *una "definición" propuesta como infalible no dice nada con eso sobre el lugar que ocupa esa verdad en el interior de la jerarquía de verdades* [169]. Ni el dogma de la Inmaculada ni el de la Asunción deben ser ofrecidos a los creyentes ni como realidades básicas de la fe cristiana, ni como una joya más en la corona que adorna a la Reina de los Cielos, nombre que por cierto es una barbaridad teológica [170], porque nuestra fe es el seguimiento de Jesús, no un acervo de fórmulas aceptadas, y menos aún si se conciben las fórmulas como las piezas únicas que admiramos en un magnífico museo o santuario.

La sabiduría que da el tiempo nos enseña a huir del sentimentalismo y la mojigatería, de las cuentas pendientes con un paganismo erradicado a la fuerza, de los residuos de posibles complejos de Edipo y de las efusiones petrarquistas. Nos enseña a mirar con recelo las consagraciones marianas, las esclavitudes marianas y cualquier tipo de devoción en general que conviertan a María en un eje, donde sólo estaría como una caricatura. Dios quiere ser llamado *Padre nuestro* con todas las consecuencias, para que nos acerquemos directamente a Él sin temor. Si creemos que de alguna criatura recibiremos más misericordia que de él, ofenderemos gravemente a su amor. Él en la persona de Jesús ha buscado a la oveja perdida, ha abrazado al hijo pródigo y ha dado un banquete para festejar su recuperación. Los santos, y María entre ellos de manera eminente, *entran en ese adjetivo posesivo «nuestro» cuando invocamos* al Padre, porque nos ayuda, anima y da esperanza el hecho de ver que la comunidad cristiana entera, es decir, todo el Cuerpo del Cristo, refuerza nuestra propia confianza. Así sentimos que estamos todos en una oración común que hace ya presente entre nosotros ese Reino que suplicamos con urgencia en toda su plenitud.

LAVS DEO

NOTAS:

INTRODUCCIÓN:

1.- Jn. 2, 1-13. **2.-** Jn, 18, 25-27. **3.-** Mc. 3, 35 y paralelos. **4.-** Gen. 4,1. **5.-** Col. 1, 18 y Apoc. 1, 6 En el artículo *La maternidad espiritual de María en Juan, 19, 25-27.*, en Selecc. de Teol. n° 12. **7.-** En el artículo *Fecit mihi magna: verdadera perspectiva....* (Selecc. de Teolog. n° 7. **8.-** Jn, 12, 24. **9.-** Jn, 1, 47. **10.-** Jn, 8, 39. **11.-** Mc. 6, 34. En Jn, 10, 8. **12.-** Jn, 11, 50. **13.-** Jn, 1, 12-13. **14.-** Artículo de R. Laurentin: *María y la antropología cristiana de la mujer*, en Selec. de Teolog., n° 28. **15.-** Juan, 6, 41-46. **16.-** Prov. 9, 1-6. **17.-** Eclco. 38, 24-34 Traducción tomada de Schökel. **18.-** Juan, 3, 3-8. **19.-** Hacemos excepción del momento de la cruz si es que interpretamos el grupo del calvario como una pareja o una terna.

MARÍA EN LOS SINÓPTICOS Y DEMÁS PASAJES DEL N.T.:

20.-Mc. 6, 1-6. **21.-** En "Jerusalén en Tiempos de Jesús. **22.-**Ver la cita con que se ilustra el pasaje paralelo de Juan. **23.-** Mt. 13, 53-58. **24.-** Lc, 4, 16-27. **25.-** Juan, 6, 52 **26.-** Gal. 4, 4. **27.-** Mc. 3, 31-35. **28**.- Gen. 2, 24, que es citado por Jesús en Mc. 10, 7. **29.-** Mt.12, 46-50. **30**.- Lc. 8, 19-21. **31**.- Puede verse en *Instituciones del Antiguo Testamento*, de R. De Vaux. **32.-** Lc. 11,27. **33.-** Mt. 1, 1. **34**.- Mt. 1, 17-18. **35.-** Mt. 4, 15-16. **36**.- Mt. 1, 16: Μαρίας, ἐξ ἧς ἐγεννήθη Ἰησοῦς ὁ λεγόμενος χριστός. **37**.- Josué, 2. **38**.- Mt. 1, 18a **39**.- Mt, 1, 18b. **40**.- Mt. 1, 19-25. **41**.- Grelot, citado por Fitzmyer. **42.-** En su obra *De Cherubim*, 13, 45. La observación es de Fitzmyer. **43**.- Is. 7, 14. **44**.- Mt, 2, 1-3. **45.-** Mt. 2, 11a. **46**.- Mt. 2, 6, citando a Miqueas, 5, 1. **47**.- Mat. 1, 21. **48**.- Mt. 2, 13b-1 **49**.- Mt. 2, 20-23. **50.-** Jer. 31, 15. **51**.- Os 11, **52**.- Mt. 2, 15. **53**.- Is. 11,1. **54**.- Jn, 1, 46. **55**.- Lc. 1, 26-38 **56**.- Jn, 1, 13. **57**.- En aoristo. **58**.- En su artículo *Nuevo Testamento y Cristología*, en Selec. de Teol., n° 83. **59.-** Contra la opinión de Fitzmyer en el mismo artículo. **60**.- Gen. 17, 10-16; Gen. 18, 1-15; Jue. 13, 2-5; 1° Sam. 1, 10-20. **61**.- Sof. 3,15. **62**.- Rut, 2, 4. **63**.- Juec. 6, 12. **64**.- 1° Sam. 7, 12-13. **65**.- Dan. 7, 14. **66**.- También puede ser entendido así: *¿Cómo sucede esto si no he tenido vida matrimonial?* (así la versión de la Vetus Latina). En este caso entendería que ya está embarazada. **67**.-Lc. 1, 39-56 **68**.- Lc. 2, 1-21. **69**.- Juan, 1, 11. **70**.- Lc. 4, 21. **71**.- Lc. 2, 22-40. **72**.- Homilía 17 sobre Lucas. 73 De *Una espada te atravesará el alma*, (en Selec. De Teol. N° 10), de Pierre Benoit, cuya magnífica exégesis seguimos aquí con mucho gusto. **74**.- Lc. 2, 41-52. **75.-** Hech.1,12-14. **76**.- Gál. 4, 3-5. **77.-** Juan, 1, 12-13. **78**.- Apoc.: capítulo 12 íntegro. **79**.-Dan. 7, 13-14. **80**.- Eclco. 42, 9-14 (traducción de Schökel). La frase entrecomillada es traducida por él: *Mejor es la dureza del marido que la indulgencia de la mujer*. **81**.- En ambas se da una devaluación del cuerpo y de todo cuanto a él refiere. Para lo que interesa saber en este caso acerca del Docetismo, ver el capítulo siguiente. **82**.- Catequesis 4, 33.

BUCEANDO POR LOS CUATRO DOGMAS:

83.- Juan, 1, 13. **84**.- Canon 2 (De la Trinidad, la Encarnación, etc., contra los monotelitas). **85.-** Decreto para los jacobitas de la Bula *Cantate Domino.* **86**.- De la Const. De Paulo IV *Cum quorumdam.* **87**.- τοκετο; 88 En su Carta a los Efesios, XIX, 1. **89**.- Apología a Arístides. **90**.- Apología, 1, 23. **91**.- De carne Christi (c. III). **92**.- Ireneo: *Demostración de la Enseñanza Apostólica*, nº 54. **93**.- Alois Müller. **94**.- Himnos a la Virgen (pg.. 50 en la trad. de Ricciotti) **95**.- Sermón 225, 2. **96**.- Las dificultades aumentan cuando se emplea esta otra modalidad, menos usada: *Madre del Creador* que, por esa razón, se hace poco recomendable. **97.-** El papiro egipcio *P* [470] Rylands de principios del s. IV (para algunos, de fines del s. III), que se conserva en la Biblioteca de Manchester. Con pequeñas variantes ha pasado a las liturgias orientales y es el popularizado *Sub tuum praesidium*, del rito ambrosiano. **98**.- Del autor del presente escrito, que sigue fundamentalmente a González Faus. **99**.- K. Rahner: *Sobre el sentido del dogma de la Asunción* (en *Escritos de Teología*, I. **100**.- Este capítulo no tiene por objetivo hacer valoraciones de ninguna clase en el desarrollo de esta creencia, sino presentar de modo sencillo y objetivo la historia del dogma de la Inmaculada Concepción de María. **101**.- Decrerto *Pastor aeternus* (c. 4). **102**.- Diálogo con Trifón,100, 5; también 84, 2. **103**.- De carne Christi, 17. Cita de Schmaus **104**.- In Ps. 48, 13. Ibid **105.-** *Expositio Evangelii secundum Lucam*, II, 17. Ibid. **106**.- *Expositio in Ps.* 118, 22, 30. Ibid **107**.- *Carmina Nisibena*, 27, 8. Ibid. **108**.- *Escritos siríacos*, 2, 23 **109.-** *De Natura et gratia*, 36, 42. **110.-** *De partu virginis*. Ibid. **111.-** *Cur Deus homo*, II, 16. **112**.- Sesión V. **113**.- Sesión VI. **114**.- Deut. 30, 15. **115**.- Eclco. 15, 11-17. **116**.- Entre otros, J. A. Sogin (Biblica, 44, 1963). **117**.- Motivos sapienciales y de Alianza en Gen. 2, 3. Bíblica, 43 (1962. **118**.- Is. 2, 4. Joel, 4, 10. **119**.- Is. 11, 6 **120**.- Is. 35, 1. **121**.- Is, 35, 5. **122**.- Frase no terminada. En Pablo se da alguna que otra vez. **123**.- Διὰ τοῦτο ὥσπερ δι' ἑνος ἀνθρώπου ἡ ἁμαρτία εἰ τὸν κόσμον εἰσηλθεν καὶ διὰ της ἁμαρτίας ὁ θάνατος, καὶ οὓτως εἰ πάντας ἀνθρώπους ὁ θάνατος διηλθεν, ἐφ'ῷ πάντες ἣμαρτον. La Vulgata tradujo mal ese ἐφ'ῷ πάντες ἣμαρτον: *in quo omnes peccaverunt* (= en el cual pecaron todos), y es-te error tendría unas consecuencias muy importantes. **124**.- Gen. 1, 2. **125**.- Gen. 1, 27. **126**.- Sab. 2, 23-24. **127**.- Romanos 5, 21: ι"να ω"σπερ ἐβασίλευσεν ἡ ἁμαρτία ἐν τῳ θανάτῳ, οὕτως καὶ ἡ χάρις βασιλεύσῃ δὶὰ δικαιοσύνης εἰς ζωὴν αἰώνιον διὰ Ἰησοῦ Χριστοῦ τοῦ κυρίου ημῶν. **128**.- "El pecado original en la Biblia y en la doctrina de la Iglesia ". esta cita última es de Rom. 5, 17: εἰ γὰρ τω τοῦ ἑνος παραπτώματι ὁ θάνατος ἐβασίλευσεν δια τοῦ ἑνος, πολλω μᾶλλον οἱ τὴν περισσείαν τῆς χάριτος καὶ τῆς δωρεας τῆς δικαιοσύνης λαμβάνοντες ἐν ζωῃ βᾶσιλεύσουσιν διὰ τοῦ ἑνος Ἰησοῦ Χριστοῦ. **129**.- Gal. 6, 8. **130**.- El papa Zósimo, que era griego, no se adhiere sin más a las teorías agustinianas. **131**.- Sesión V, de 1546. El Concilio utilizó la supuesta base paulina de Agustín, no presentó ninguna propuesta positiva al respecto, sino negativa, y tomada de concilios anteriores que tuvieron otra problemática. Por supuesto los problemas hoy planteados no podían ni sospecharse. **132**.- 1ª Cor. 2, 11. **133**.- Gen,

25, 23. **134**.- Is. 49, 1. **135**.- Jer. 1,5. **136**.- Sal. 22, 10-11. **137**.- Sal. 71, 6. **138**.- A.A.S. 41 (1950), p.754-771. **139**.- *Deiparae Virginis*. **140**.- Ef. 4, 24. **141**.- De ahí los aoristos que aparecen en todas las fórmulas de cada petición. **142**.- 1ª de Juan, 3,2. **143**.- 1ª de Juan, 3, 14. **144**.- 1ª Pe. 2, 4-5. **145**.- Lc. 23, 43. **146**.- Juan, 11, 24-25. 147 Mt. 25, 31-46. **148**.- De gloria martyrum, libro 1°, c. 4 **149**.- Pseudoalberto: Mariale,132. **150**.- K. Rahner: *Sobre el sentido del dogma de la Asunción* (en *Escritos de Teología, I*).

LAS METÁFORAS DE LOS PADRES Y DE LOS ARTISTAS:

151.- Si exceptuamos el término *virginidad* en este contexto. **152**.- Adversus haereses, IV, 33, 4. 153 Los ebionitas fueron un grupo judaizante (de *ebion*=pobre), seguramente relacionado con los esenios. La cita es de Ireneo: Adversus haereses, 4, 33, 4 y 11. **154**.- En Novum Testamentum graece et latine, de Merk: τοις πιστεύουσιν εἰ τὸ ὄνομα αὐτοῦ οἳ οὐκ ἐξ αἱμάτων οὐδὲ ἐκ θελήματος σαρκὸς οὐδὲ Ἐκ θελήματος ἀνδρος ἀλλ' ἐκ Θεοῦ ἐγεννήθη: Así b, sycp1 (Just), Ireneo, la Carta de los Apóstoles (a. 140) y Tertuliano. Ta 155 Precioso es y esclarecedor a este respecto el dicho de Ticonio: *Verbum caro factum est et caro Deus, quia non ex sanguine sed ex Deo nati sumus.* **156**.- La célebre expresión griega significa “Madre de Dios”. **157**.- El típico ropaje triangular de los que ya hablaron los profetas de Israel, que llegaron a denominar *efod* al mismo ídolo 158 Mt. 6, 5-13; Mt. 23, 5: las filacterias eran cintas en las que se escribían frases de la Ley, y, por tanto, se mueven en la línea de las medallas y escapularios exteriores. **159**.- Col. 2, 16. **160**.- Hom. 10, 3, sobre la 1ª a Timoteo. Cita de K. Bauss. **161**.- Ep. 55, 20; Tratado sobre Juan, 7, 12; Enarración sobe los Salmos, 127, 11. Agustín se resigna a veces sobre lo que le parece imposible atajar. Citas de K. Bauss. **162**.- Sermón 61,c, 4, 94; 98. Cita de K. Bauss. **163**.- Estudio de Jonkers citado pod K. Bauss. **164**.- De “Historia nuestra, memoria nuestra”, del autor de este libro. **165**.- 1ª Tes. 1, 9. **166**.- Mc. 2, 21-22 y paral. **167**.- Lc. 1, 48b-49. **168**.- Algo fundamental en el art. 11 del *Decreto sobre ecumenismo*, leído bajo el epígrafe general del c. 2: *La práctica del ecumenismo*. **169**.- Heribert Mühlen: La doctrina del Vaticano II sobre la “jerarquía de verdades” y su significación en el diálogo ecuménico **170**.- Los Cielos es la designación mítica del *lugar* donde Dios reside y en muchos casos sustituye al mismo Dios para que su nombre no sea pronunciado. María no puede ser Reina de Dios ni de su territorio (usando este primitivo zoomorfismo).

ÍNDICE